本书受2018年度江苏省社会科学基金课题
教师发展要素供给模式创新研究"（批准

XUEXIAO JIAOYU HUANJINGZHONG
XUESHENG ANQUANGAN DE
XUNQIU YU ZIWO FAZHAN

学校教育环境中
学生安全感的
寻求与自我发展

张权力 著

中国财经出版传媒集团

经济科学出版社
Economic Science Press

图书在版编目（CIP）数据

学校教育环境中学生安全感的寻求与自我发展/张权力著.
—北京：经济科学出版社，2019.9
ISBN 978 - 7 - 5218 - 0904 - 6

Ⅰ.①学…　Ⅱ.①张…　Ⅲ.①学校管理 - 安全管理 -
研究②学校教育 - 安全教育 - 研究　Ⅳ.①G474

中国版本图书馆 CIP 数据核字（2019）第 194876 号

责任编辑：刘怡斐
责任校对：齐　杰
责任印制：邱　天

学校教育环境中学生安全感的寻求与自我发展

张权力　著

经济科学出版社出版、发行　新华书店经销
社址：北京市海淀区阜成路甲 28 号　邮编：100142
编辑部电话：010 - 88191348　发行部电话：010 - 88191522
网址：www. esp. com. cn
电子邮件：esp@ esp. com. cn
天猫网店：经济科学出版社旗舰店
网址：http：//jjkxcbs. tmall. com
北京财经印刷厂印装
880×1230　32 开　7.75 印张　280000 字
2019 年 11 月第 1 版　2019 年 11 月第 1 次印刷
ISBN 978 - 7 - 5218 - 0904 - 6　定价：38.00 元
（图书出现印装问题，本社负责调换。电话：010 - 88191510）
（版权所有　侵权必究　打击盗版　举报热线：010 - 88191661
QQ：2242791300　营销中心电话：010 - 88191537
电子邮箱：dbts@ esp. com. cn）

前　言

　　安全需要是人类个体的天然需要。当人类个体离开母体来到这个世界，个体生命自我保护的本能必然唤醒其对安全感的需要。随着人类个体生命的发展，其对外界环境的适应和掌控能力也在逐步提升。个体自我生命保护所唤醒的安全需要被满足后便进入"沉睡状态"，但环境中的其他因素诸如关系层面因素、能力层面因素和精神信仰层面因素会持续唤醒个体的安全需要。个体所感受到的安全感的结构亦随之不断地变迁。个体对安全感的寻求是个体安全需要被唤醒导致的直接行为。因此，本书通过对唤醒个体安全需要诸因素的研究来界定安全感及其结构，即通过反向研究来间接研究安全感。安全感是在不安全感（安全需要）被唤醒，个体通过调节自我并与外界环境有效互动后产生的确定感和可控感。基于以上所述，研究个体安全感和个体对安全感的寻求，要先从研究个体的不安全感入手。当然，研究个体自信心、自主独立能力、确定感、幸福感等也能正面验证个体安全感，但仍属于间接研究个体安全感。

　　在学校教育环境中，对学生安全感的研究有着独特且极其重要的意义。其独特之处在于，这是一个亟须研究的领域，教育研究者要用内心来研究和感受学校教育环境中学生的内心。其重要性在于，教育活动的展开需要保障学生（和教师）安全感的多样化需求，同样也应该用安全感的多重内涵来反观甚至营造学校教育环境。但是，研究学校教育环境中学生个体的安全感，虽然建立在相关学科对安全感一般性的研究之上，但仍需要关注此阶段学生个体自我发展的特殊性。在学校教育环境中，学生的自我发展更强调自我发展的文化建构性。然而，自我发展的这种文化建构性，并非建立在通过对一般性的社会环境中的个体或群体研究而得出的人格发展理论的基础之上。因此，学校教育环境中，就需要建构学生个体自我发展的阶段性理论来揭示其自我发展的文化建构性。这种自我发展的阶段性理论蕴含学生个体的安全感、蕴含教育环境中自我发展的文化建构性以及自我发展的阶段性，甚至它能够将"文明""教育""人性"三者内在地统一起来。自我发展的人性跃迁理论是在回应这一要求。自我发展的人性跃迁理论的相关探索主要包括个体的自我（人性）发展分为"前自我中心阶段""自我中心阶段""克服自我中心阶段"和"超越自我中心阶段"，各阶段自我（人性）跃迁的动力源于个体对自我的反思和人类文明价值的引导。

在理论探索的基础上，本书主要通过对现实学校教育环境中的大学生相关传记文本分析，考察了学生安全感的结构及其阶段性变迁过程，并分析学生自我发展的阶段性特征。研究发现，学校教育环境的阶段性特征决定了学生安全感的结构和阶段特征，同时，在一定程度上影响学生自我发展的动力和所处阶段。

通过对学生传记材料的分析，本书为学生个体安全感的寻求与自我发展的关系提供了一种探索性质的答案。即在自我发展初期，学生个体安全感寻求与自我发展具有一致性，并且个体所能感受的自由可以看作是以个体的安全感为半径的"圆"。但随着学生个体适应环境能力的发展，学生要实现自我发展就必然要求个体自我不断地打破个体安全感的界域去探索和拥抱世界，去实现人性跃迁和包容性发展。在学校教育环境中，学生自我发展的重要性和个体安全感的基础性作用需要同时考虑，不可偏废。其中，用人类文明价值唤醒学生自我发展的内在动力，并让其主导学生个体安全感建构和自我发展的全过程，是关键的路径。

本书对我国现代学校教育体系进行了深刻的反思，提出了教育自身、教育条件、教育体制三个概念工具，用来分析学校教育系统和学校教育活动；倡导教育自身是学校教育系统的核心，而文明共同体之教育关系是教育自身的核心，并建构教育者的教育信仰来保证文明共同体的教育关系的实现；倡导实现学生的"安身立命"作为学校教育活动的根本目的，以此确保学校教育环境中"学生安全感"与"自我发展"的双重实现。

目 录

CONTENTS

第一章

导论：现代教育对个体价值关注的缺失与自我的身份焦虑

第一节 公共议题与个体焦虑

查尔斯·赖特·米尔斯（Charles Wright Mills）在《社会学的想象力》（*The Sociological Imagination*）中认为，个体焦虑和公共议题的区分是彰显社会学想象力的基本工具之一。个体焦虑不仅产生于个体性格，也产生于个体所接触的社会环境，其特征是个体感觉其所珍视的价值受到了威胁。公共议题则超越了个人的局部环境和内心世界，而涉及社会组织和社会制度所构成的社会结构，公众感到他们所珍视的某种价值受到了威胁。[①]

对一个研究问题的判断，不仅与研究者的观察力、思维能力和知识结构相联系，而且与主体的利益、价值观和兴趣密切相关。[②] 我国台湾学者薛仁明认为，中国现代学术体制建立在西方理性文化

---

① ［美］查尔斯·赖特·米尔斯. 社会学的想象力［M］. 陈强，等，译. 北京：生活·读书·新知三联书店，2001：6－7.

② 邓猛，朱志勇. 从话题到问题：教育研究方法刍议［J］. 教育学术月刊，2013（3）：25－29.

的基础之上，缺乏与中国传统文化的沟通，造成学者做学问与其生命本身的脱节；在中国做学问要建立在"感通"和"修行"的基础之上。① 鉴于此，笔者选择"学生安全感寻求和自我发展"这一话题进行研究，也是基于学术研究和自我成长相统一的立场。

"安全感"无论作为日常用语还是学术词汇，都是一个内涵丰富、外延复杂的词语。心理学、社会学等学科关于自我以及自我发展的研究已经非常成熟。然而，在学校教育环境中，将学生安全感的寻求和自我发展作为研究话题，考查学生安全感的寻求和建构过程并关联学生的自我发展，却是一次冒险的尝试。研究过程本身是将"学生个体安全感的寻求"关联其"自我发展"的过程，也是将学生个体焦虑即"安全感寻求"转向公共论题的过程。但这一转向能否成功则是未知数。

一、现代教育对个体存在价值缺乏关注

后发式的教育现代化过程所造就的现代教育，是应对自身文明危机所呈现的被动反应的结果。这种被动性表现为"学校教育体制成为危机中求生存和发展的工具，学校教育的目的具有强烈的国家立场和功利取向"。本书所谓的现代教育指的就是这种意义上的现代教育。在这样现代教育之中的学生个体，是作为"功利机器的零部件"而存在。现代教育对于个体存在的生命价值缺乏关注。

教育实践活动的价值是什么？要回答这个问题，首先，要明晰人类实践活动所具有的价值类型。美国哲学家 R. B. 培里（R. B. Perry）将人类生活的价值领域分为八个方面：道德、宗教、艺术、科学、经济、政治、法律和习俗②。马克斯·舍勒（Max Scheler）主张，

① 薛仁明. 中国学问要建立在感通和修行基础之上［EB/OL］. http：//news. 163. com/14/1008/17/A824FR7G00014SEH. html/2015－01－11.
② 李德顺. 价值学大词典［Z］. 北京：中国人民大学出版社，1995：5.

从低级到高级可以把人类主体所进行的实践活动的价值分为感觉价值、功利价值、生命价值、精神价值、神圣价值等。① 在这些价值分类中，如何区分个体性价值和群体性价值？

关于个体性价值，亚伯拉罕·马斯洛（Abraham H. Maslow）认为，存在超越性价值或"永恒的真理"，这些价值包括：真、善、美、完整、活力、独特、完善、完满、正义和秩序、单纯、内心丰富或全面、轻松、幽默有趣、自足或自治等。对任何超越性价值的剥夺都会引起个体人生意义感的匮乏。② 超越性价值是判断个体是否完成自我实现的标准，它们对个体的自我实现具有非常重要的意义。关于群体性价值，即社会性价值，它处于 R. B. 培里所说的道德、宗教、经济、政治、法律和习俗等价值领域，主要处于马克斯·舍勒所说的功利价值层级和神圣价值层级。具体而言，社会性价值包括秩序、神圣、利益、正义、平等、稳定、效率等。

其次，研究教育实践活动的价值，需要对教育实践活动有着深刻的认知。对于社会，教育实践活动是为了促进儿童在知识、技能、情感等方面完成社会化的过程；对于国家，教育实践活动是国家强盛、民族复兴的工具；对于教育实践活动中的学生或教师，教育实践活动就是他们每天的真实生活。就此而言，教育实践活动中存在着教育本体。综合社会、国家和个体的三个层次，教育实践活动的本质是人类社会用文明资源精心培育的一个教育环境，教师和学生在其中围绕真、善、美、自由、平等、公正等人类文明的核心价值，相互砥砺、协同创造。教育实践活动对学生个体而言又意味着什么？意味着，在充满正向价值的场中，去形成独立和自由的自我，去获得善良和智慧，去爱整个人类；意味着，唤醒信念和信

---

① ［德］马克斯·舍勒. 价值的颠覆［M］. 罗悌伦，译. 北京：生活·读书·新知三联书店，1997：134 – 163.

② ［美］杰斯·费斯特，格雷戈里·J. 费斯特. 人格理论［M］. 李茹，等，译. 北京：人民卫生出版社，2005：443.

仰、陶冶人格情操，发掘与开发潜能和智慧。① 教育实践活动的价值在于唤醒和解放人性的内在积极力量，使个体能够决定成为什么样的人，以及把握自己"安身立命"之根本。②

然而，现代教育模糊了人类价值序列，忽视了学生个体的生命价值和精神价值，甚至是感官价值。

现代教育是基于现代性建立的。现代性，无论其价值理念还是制度架构都是基于人的"欲望"。价值理念层面，"人是万物的尺度"和"人为自然界立法"成为人类之于自然的核心价值；制度层面，市场经济体制和科层制等使人的欲望合法化。现代性基于欲望膨胀和制度控制两个维度衍生。③ 现代性偏爱感官价值、功利价值，无视生命价值、精神价值和神圣价值。

现代教育的生成是教育现代化过程的结果。关于东亚教育现代化过程，有的研究者总结出六个特征。第一，"压缩式"的教育现代化。东亚各国超越身份、阶级的差别，提高基于教育形式的"社会移动"的流动性，以此推进国民的社会整合与国家的工业化。第二，应试竞争的学校教育。学校教育的应试竞争推动"压缩式"现代化的"社会移动"的流动性，并带来了过激的社会竞争。第三，学校教育同工业主义化的亲和，带来了高度的效益和效率。第四，学校教育被官僚主义控制。第五，学校教育具有强烈的国家主义。在东亚各国，产业与教育的"压缩式"成长是以"现代化""殖民地化"和"国家主义"三个要素作为推进力。第六，公共教育的未成熟。国家主义和利己式竞争是东亚型"压缩式"教育现代化的

---

① 徐叶子. 追寻有信仰的教育——论作为教育人的朱自清 [D]. 长沙：湖南师范大学硕士学位论文，2009.

② 扈中平，蔡春. 教育人学论纲 [J]. 华东师范大学学报（教育科学版），2003（3）：1 – 9.

③ 张权力. 现代教育之于学生幸福为何如此乏力 [J]. 现代教育论丛，2010（6）：14 – 21.

两个轮子，但却丧失了教育的公共性。①

　　东亚现代教育所关注的价值秩序存在严重偏失：其一，现代教育的过度竞争。学生个体的优越感源于竞争的胜利而非内在满足，学生之间相互嫉妒、相互怨恨，学生学习过程中合作精神、亲密关系等与感觉价值、生命价值和精神价值相关的因素被忽视。其二，现代教育偏爱功利价值。现代教育基于的不再是人的全面、和谐发展，而是帮助人们取得事业上的提高和社会地位的变迁，教育过程被忽视，社会只重视学校发给学生学历文凭的职能。② 其三，现代教育管理的制度主义取向导致现代教育的标准化和封闭性③，忽视了学生的个体生命价值。其四，现代教育的缺乏对传统文明的信仰，抛弃了神圣价值。现代教育把传统文明的信仰变成了一种对现实物质的贪欲。自我超越于是成为一种对渴望占有物质的膨胀心态。④

　　正如马克斯·舍勒所言，现代人模糊了价值序列，偏爱功利价值和感官价值。⑤ 现代教育是现代人将人类社会价值秩序模糊的客观反映和促进因素。现代教育偏爱功利价值和感官价值，轻视生命价值和精神价值，无视神圣价值。

　　个体只有处于对他开放、包容的世界中，才能显露自我，并发挥其天赋才能！⑥ 然而，现代教育制造了学生的不安全感和恐惧感，并剥夺了学生对学习成长的幸福感体验。

　　现代教育制造了学生的恐惧感。有研究者对"现代教育"与"恐惧制造"之间的关系进行了研究并指出，现代教育之于学生制

---

　　① ［日］佐藤学．学习的快乐——走向对话［M］．北京：教育科学出版社，2005：315 – 320.

　　② 于伟．现代性与教育［M］．北京：北京师范大学出版社，2006：213.

　　③ 陈桂生．常用教育概念辨析［M］．上海：华东师范大学，2008：53.

　　④ 金生鈜．规训与教化［M］．北京：教育科学出版社，2004：220.

　　⑤ ［德］马克斯·舍勒．价值的颠覆［M］．罗悌伦，译．北京：生活·读书·新知三联书店，1997：134 – 163.

　　⑥ 郭思乐．素质教育的生命发展意义［J］．教育研究，2002（3）：9 – 13.

造了四种恐惧：其一，对未来的恐惧，源于生存的逼迫；其二，对竞争的恐惧，源于失败的威胁；其三，对学习的恐惧，源于沉重学业的压迫；其四，对规范的恐惧，源于管理制度主义取向的束缚。现代教育制造学生恐惧感的机制包括：其一，夸大"身份"争夺的残酷，营造紧张恐惧的竞争氛围；其二，学校生活"监狱化"。现代教育对学生自我发展造成了严重的后果：其一，学生形成恐惧心态；其二，学生易形成顺从权威的心理倾向；其三，制造了学生冷漠、自私的心态。①

现代教育消解了学生个体的幸福感。在现代教育中，学生的主体性被削弱、被异化，甚至被当成"知识容器"。现代教育强调的高度竞争异化了的学生之间的同学关系，使学生远离幸福感。现代教育过于注重学生生存技能的教育，缺乏个体所必需的超越物质层面的幸福感的教育。因此，现代教育对于学生幸福感获得，无论当前还是长远都有局限。②

另外，现代教育狭隘、片面的评价方式，增加了学生的被评价的焦虑感。评价本属于教育过程的一个环节。然而，由于评价活动自身程序的独立先于价值的独立，评价逐渐高于或先于教育活动本身。目的性评价和功利性评价逐步控制教育整个过程。甚至整个教育活动在为评价服务，而丧失了教育过程本身的丰富性和复杂性。首先，以功利主义为基础的现代教育过于注重学生对知识的接受程度，而学生对知识的接受程度受到学生学习能力、学习兴趣和社会给予的相关支持等因素的影响。无疑功利主义教育评价方式会轻视甚至忽略学生的身体成长、道德修养和人格完善等方面。而教育活动的真正基础和终极意义却在于促进学生道德和人格的成熟。其次，在知识接受这个维度中，现代教育过于

---

① 章乐. 现代教育与恐惧制造研究［D］. 南京：南京师范大学博士学位论文，2013.

② 张权力. 现代教育之于学生幸福为何如此乏力［J］. 现代教育论丛，2010（6）：14－21.

高频率地进行知识考核。而在现代教育中，随着教育等级的升高，由知识考核所导致的应试竞争在程度上也随之增加。高频率地进行知识考核，对学生的长远发展是不利的。因为频繁的外在评价会影响学生个体对学习任务本身的关注度，同时，影响个体对自我进行正确评价和调适。最后，由于部分学生在这种评价方式中处于弱势地位，持续性的外来负面评价会造成他们在面对生活的挑战时，选择逃避责任和规避风险。对优势学生而言，这种片面的评价方式会造成其畸形发展，即使仅仅被动地追求他们考试分数本身，而忽略人生中其他更重要的东西，从而形成虚假的自我认知。

二、现代教育造成个体自我的身份焦虑

描述自我在现代教育中的个体体验，是一种自我研究和自我反思。自我研究向来是一种疯狂的自我冒险。将自我的恐惧、创伤、喜乐暴露于大庭广众是一件极需勇气的事，同时，这又极易造成研究者沉溺于自我而无法自拔。就自身而言，"安全感"和"自我发展"是笔者一直寻求和思考的研究主题。

对安全感的寻求并不必然导致个体的"自我发展"，相反，过于关注或局限于低层次的安全感，更易导致个体"自我发展"的停滞甚至倒退。个体寻求和建构的安全感，由外在物质和人际关系层面，逐步转向内在精神、信念或信仰层面。个体内在的安全感建构完成之后，个体的自我发展才真正步入成熟时期。

人类个体的自我发展是一次次重构安全感的过程。此阶段的自我发展指的是身体自我、社会自我和精神自我找到归宿的过程，即"安身立命"的过程。重构安全感是将构成安全感的核心要素进行重新再结构化。

（一）安全感的第一次重构：儿童从家庭环境进入学校环境

在自我发展的起步阶段，个体生活其中的环境决定着个体安全感的结构。当个体生活环境由家庭转移至学校，个体安全感开始了第一次重构。至此，个体开始离开父母去独自面对新的环境并尝试自己独立地去做决定。在学校教育环境里，个体先要观察、判断这里是否安全？这里的人是否值得信任？自己需要做什么才能在新环境中立足？哪些事情他们可以依赖别人去做？哪些事情他们必须自己做？这是个体第一次离开家庭，也是第一次尝试自我独立生活。这一次，个体失去了家庭提供的安全保证、情感支持，去独自适应新的环境。个体努力去建立新的关系，以重新获得安全支持和亲密关系。然而，受限于自身的认知和能力的局限，这个过程基本处于被动的状态。在依附学校环境中的各种关系结构和规则制度的前提下，个体需要重构安全感。

在学校中，个体必须遵守学校管理的各种规则和服从教师的要求，而且不敢反抗，反抗将受到惩罚；必须不断地与自我斗争，用意志力逼迫自己去适应环境、学习知识，尽管某些知识离当下的生活非常遥远；个体需要同时与在同一环境规则下的同学展开竞争，且独自承担竞争失败之后的自我心灵创伤，甚至面对老师、家长和同学的批评、斥责和戏弄。然而，学生个体在学校体验到的是极其有限的自我独立。在功利主义为根基的现代学校中，学生之间彼此竞争，各自过于寻求战胜别人和获得外界的社会承认，学生是根据外来的评价、要求等无自主意识地建构起自我。若成为胜利者，个体自身承认和接受这种外界认同，并获得诸如"三好学生""优秀学生""听话的好孩子"等身份标签。这种外界认可转化为外界认同，但个体是否能够在此基础上形成自我形象的自主建构，则是其自我发展的关键一环。否则，他们将永远停留在外界给予的虚假自我认同中，永远停留在"好学生”和"好孩子"阶段。

（二）安全感的第二次重构：自主建构自我与他人的关系结构

应试取向的竞争性教育体制下，学生个体追求体制所宣扬的"成绩优秀""考上大学"等目标，可以认为，这属于个体追求的自然而然的功利取向。在竞争性教育体制环境下，只有当学生从所谓的功利取向开始步入道德取向①，并开始建构自我和他人的关系时，个体安全感便迎来第二次重构。

1. 亲密关系

亲密关系是基于人与人之间的情感依恋、相互理解或个性互补而形成。他们彼此都有自我，两个自我的相互吸引是形成亲密关系的逻辑前提。随着亲密关系的不断升华，两个自我的边界是否在消失？消失之后又会发生什么？然而，亲密关系中两个个体是相互帮助和共同成长的，而不是一方对另一方的过分依赖。在此阶段，个体自我发展的方向是个体拥有相对有限的独立和自由。

2. 重要他人

个体建构自我，并非完全靠自己去谋划或设计，而是在重要他人提供的各种可能性建议的基础之上去进行主动建构。自我与重要他人的关系要处于合理的依赖程度，这种依赖要能促进自我的健康成长，使自我不断地获得独立的力量。重要他人要给予个体自我独立应对世界的能力和力量支持。

在学校教育环境之中，在家人之外建构重要他人获得归属感，例如学生之间、师生之间。不同的学校教育阶段，给学生提供不同的教育环境。学生学业的完成、在学校生活是否快乐，很大程度上

---

① 冯友兰先生将人生境界分为自然境界、功利境界、道德境界和天地境界。本书在此借用"功利境界"和"道德境界"并将它们转化为"功利取向"和"道德取向"来描述个体安全感的重构和自我发展。

取决于学校的制度性力量。在学校制度环境中，学生个体主要接触的是老师、同学。涉及学业完成，其中最重要的力量除了自我努力之外还包括老师的指导。现代学校教育体制下，师生关系与古代的学徒制已大不相同。古代师徒制是绝对的人身依附。现代教育作为一种产业化存在，其存在依据是功利主义。师生之间的人身依附减弱，师生之间的人格影响、情感互倚变弱。

（三）安全感的第三次重构：从自主发展意识的觉醒到自主发展能力的获得

可以将个体自主发展意识的觉醒至自主能力的获得作为个体安全感第三次重构时期。个体自主发展意识的唤醒和自主发展能力的获得都需要个体拥有自由选择的权力，并经过自由选择能力的基本训练。尽管学生时代大多数学生处于自主发展意识的觉醒期，但他们自主发展能力仍属于储蓄期。显然，大学时期的自由教育阶段，学生的安全感寻求大多数处于第三次重构期。但第三次重构期的完成，则延伸到学生时代之后，甚至对大多数个体而言要持续一生。

（四）安全感的第四次重构：精神皈依的寻求与获得

个体生命的有限性是不可避免的，面对这种局限性，个体会寻求无限的精神价值去超越有限的生理生命和物质世界。尽管逻辑上可以将个体对精神皈依的寻求与获得作为个体安全感的第四次重构，但这一阶段一般出现在个体的人生暮年。但也不尽然，这主要取决于个体对自我生命和所处世界的认知深度。

当学生进入研究生阶段，对其安全感进行第四次重构的概率较大。当学生确立"以学术研究为志向，以追求真理为人生使命"时，可以认为学生个体获得了对生命的深刻认知。进入研究生培养阶段，"导师制"作为现代学术传承和人才培养的常规性制度对学生成长起着非常重要的作用。学生学问增长、人格成长主要来自导师的影响。这种制度强调师生人格平等。吾爱吾师，但吾更爱真理。学生在这种如切如磋的学术氛围影响下，步入神圣的学术殿堂，确立以学术为志向的人生使命。

重构是对物理安全感和过强的归属感的抛弃，对自我精神独立、自由的追求。重构意味着不断地"破茧成蝶"。或许此种意义上而言，人生就是不断地作茧自缚，然后一次又一次地破茧成蝶，直到进入暮年。每个学生的个体成长都具有独特性。看似相似的个体，他们之间的差异可以无限大。他们的人生道路也是如此，每个人选择不一样的人生道路。人类的精神世界是可以无限大的，大到超越空间、充塞整个宇宙。人类个体对精神自我的寻求注定在远方。一个追求精神自由的个体注定要不断地迁移，或许仅仅为了通过物理自我的不断改变来释放或表现精神自我的自由本质。

现代人的精神追求是"无根"的。现代性意味断裂。自我成长过程是个体不断地割断关联与牵挂去奔向远方。为了自我成长，个体离开温暖的家庭，进入学校；为了自我独立，个体暂时割断与父母的依赖关系，独自离开故乡去拼搏；为了精神的自由成长，个体逃离一切束缚自由的依附关系，去形成自我。现代社会所倡导的价值是个体竞争与个体成功，然而这些使现代人永远活在盲目比较中，现代人永远处于不满足的状态。而自我的安顿，特别是精神自我的觉醒与成长永远处于寻求之中。

自我的寻求与维系为什么要不断地抛弃与重构安全感？安全感能促进自我形成，也能阻止自我形成。学生教育经验如何建构个体安全感，安全感获得初期是如何影响自我发展的？教育环境中的主体各自构筑自己的安全领地，主体之间的各自疆域存在交叉和冲突。教育物理和心理环境、教育知识、同伴关系、外界身份认同等，为学生安全感构建提供了哪些支持？

这一系列问题促使本书将学术关注点逐步聚焦于"学生安全感和自我发展"这一话题。

第二节　研究基础和概念界分

一、安全感的相关研究与学生安全感概念界定

（一）人类的基本需要与安全需要的相关研究

1. 马斯洛需要层次理论和安全需要

马斯洛需要层次（hierarchy of needs）理论的基本思想是：人类个体的基本需要可以排列成层次或阶梯，每一上升的阶梯代表一种较高的需要，但其对生存的基本作用则随之降低。较低水平的需要要优于较高水平的需要，较低水平的需要必须首先满足。较低水平的需要得到满足或得到基本满足之后，更高水平的需要才能成为激发个体行为的动机。人类个体的基本需要层次由低到高的顺序为：生理需要、安全需要、爱和归属的需要、受尊重的需要和自我实现的需要。生理需要是最基本需要，包括食物、水、氧气和体温的维持等，具有完全满足甚至过分满足的特点。安全的需要包括身体安全、生活稳定、有所依靠、受到保护以及免受疾病、恐惧、焦虑、危险和动乱的威胁；对法律、秩序和制度的需要也属于安全的需要。安全需要是最基本的心理需要，但是这种需要不可能得到充分满足。儿童经常受到安全需要的驱使，因为他们时常生活在诸如黑暗、陌生人或成人惩罚这样的威胁中，他们把自己限制在安全和自己熟悉的环境中。他们需要耗费比成人更多的精力，来满足自己的安全需要，而忽视更高层次的需要。爱和归属的需要，包括渴望得到友谊，找到配偶和生儿育女，从属于家庭、某个团体或某个国家，还包括某些性方面的需要以及与人交往和给予爱与接收爱的需要。尊重的需要，包括自尊、有信心、有能力和在别人心目中有很

高的地位。马斯洛将尊重的需要分为两个不同水平的需要——荣誉和自尊。荣誉涉及个体对自我的声望以及被他人赏识程度的看法；自尊心是一个人对自己的价值和信心的感受。自尊建立在真正的能力上而不仅仅建立在别人的看法上。自我实现包括自我完善、实现自己所有潜能和一种有充分创造性的渴求。在满足尊重的需要后，并非所有人都追求自我实现。只有那些追求永恒价值（真、善、美、完整、活力、独特、完善、完满、正义和秩序、单纯、内心丰富或全面、轻松、幽默有趣、自足或自律）的人，在他们的尊重需要得到满足之后，才追求自我实现。[①]

2. ERG 需要理论

克雷顿·奥尔德弗（Clayton Alderfer）主张将需要由低到高分为三个层次：生存需要（existence，E）、关系需要（relation，R）、成长需要（growth，G），即 ERG 需要理论（ERG theory）。其中，生存需要包含人对食物、衣服和住所等所有满足基本生存的物质需求欲望；关系需要即维持人与人之间友善关系的愿望；成长需要指的是个体内在的，对成长、发展以及实现自身潜能的需要。[②]

3. ERG 需要理论与马斯洛需要层次理论的区别

首先，马斯洛需要层次理论认为，只有当低层次需要得到满足后，其他需要才能逐层得到满足；ERG 需要理论认为，人可以同时体验几种需要。其次，马斯洛需要层次理论认为，当一种需要得到满足后，它就不再是激励因素；而 ERG 需要理论认为，如果个人的高级需要不断地受到挫折，将会导致个人重新回到低级需要的层次之中，这些低级需要仍然是行为动机。[③]

---

① ［美］杰斯·费斯特，格雷戈里·J. 费斯特. 人格理论［M］. 李茹，等，译. 北京：人民卫生出版社，2005：434 – 443.

② Clayton P. Alderfe, *An Empirical test of a New Theory of Human Needs*［J］. Organizational Behavior and Human Performance，1969（4）：142 – 175.

③ ［美］弗雷德·伦恩伯格，艾伦·奥恩斯坦. 教育管理学［M］. 朱志勇，等，译. 北京：中国轻工业出版社，2013：125.

4. 对需要层次理论研究的评述

客观来讲，亚伯拉罕·马斯洛关于人类基本需要的研究仍具有无可替代的地位，后来者只能在其基础上完善或批判。但亚伯拉罕·马斯洛研究的对象是人类中最优秀的人群。显然，该理论对其他人群的解释力有限。另外，基于对亚伯拉罕·马斯洛传记的研究，可以发现亚伯拉罕·马斯洛关于安全需要的具有深刻性和典型性，特别是对儿童安全需要的表述。但在他的研究中安全需要仍然不是严格的学术用语，因为他只是在列举安全需要的外延，而缺乏对安全需要进行严格的内涵界定。若不局限于需要层次理论中论述安全需要，安全需要这一概念的外延更大，诸如生存安全、发展安全等也将能纳入安全需要中去。

根据吉尔特·霍夫斯塔德（Gilt Hofstad）与格特·扬·霍夫斯泰德（Gert Jan Hofstad）的跨文化研究，亚伯拉罕·马斯洛把自我实现作为最高级需要，带有强烈的个人主义色彩。在高不确定规避的文化中，个体的安全需要最强烈；在阴柔气质文化中，个体的归属需要（人际关系）强烈于尊重需要。在阳刚气质文化中，个体的尊重需要强烈于归属需要。亚伯拉罕·马斯洛所论述的五种需要是普遍需要的，但五种需要的排序取决于一个国家或地区中占主导地位的文化模式。另外，在东方文化背景下，基本需要应补充尊敬、和谐、面子、责任、独立等需要。[①] 基于以上研究，随着社会的发展，人们增强对不确定性的规避，人们的安全需要将逐渐强烈。

通过对人类基本需要的相关研究，可以得出结论：根据亚伯拉罕·马斯洛关于安全需要外延的描述，比照关于人类需要研究的其他理论，安全需要是人类个体的普遍需要，而且在强不确定性规避文化中，个体的安全需要更加强烈，渗透、贯穿且高于其他需要。但是，单独论述安全需要则应该对安全需要的概念做严格的学术界定。

---

① ［荷兰］吉尔特·霍夫斯塔德，格特·扬·霍夫斯泰德. 文化与组织：心理软件的力量［M］. 李原，等，译. 北京：中国人民大学出版社，2010：198.

（二）安全感的概念研究及其在本书中的界定

在《社会心理学词典》中，安全感是个体在其安全需要得以满足时，内心产生的一种情绪体验。个人在社会生活中，自然会产生对于前途、安全、自身地位等获得保障的需要，而安全感是这种需要得到满足时，个体所作的反馈形式。安全感作为一种情绪体验，带有极大的主观性和变异性，而且对于同一客体的感受程度也因人而异，因时而异。①

在《管理心理学词典》中，安全感是人在安全需要得到满足时产生的心理感受，是一种复合的情感体验，它综合了满意、愉快和信任等情感在内。②

在《中国学前教育百科全书》中，安全感是指人在摆脱危险情境或受到保护时所体验到的情感。安全感对于维持个体生存与社会生存必不可少。个体的安全感主要表现在：社会环境安全感、人际关系安全感、职业安全感和人身安全感。③

丛中、安莉娟在综合国外研究的基础上，结合神经症及健康人群的访谈经验，提出"安全感是对可能出现的对身体或心理的危险或风险的预感，以及个体在应对处置时的有力无力感，主要表现为确定感和可控制感。"④ 侯立元认为，安全感是人的主观感受，会随着环境、情境的变化而发生变化。安全感水平不同，人所表现出来的行为也不同。安全感在内容上包括多种要素，如确定感、可控制感、信心、安全和自由等。⑤

---

① 时蓉华. 社会心理学词典［Z］. 成都：四川人民出版社，1988.
② 宋书文. 管理心理学词典［Z］. 兰州：甘肃人民出版社，1989.
③ 卢乐山，等. 中国学前教育百科全书（心理发展卷）［Z］. 沈阳：沈阳出版社，1994.
④ 丛中，安莉娟. 安全感研究述评［J］. 中国行为医学科学，2003（12）.
⑤ 侯立元. 初中生安全感与生活事件研究［D］. 上海：华东师范大学硕士学位论文，2010：3.

根据以上研究得出以下四项结论。

第一，不宜从安全需要直接过渡到安全感，因为这是用同义反复定义方式。

第二，可以从安全的对立面去定义安全感。

第三，安全感的"感"，是感受、情绪感觉、感情。安全感用英文表达是 sense（feeling）of security 或者 sense（feeling）of safety，因此，安全感是一种情绪（感）体验。情绪和情感在此没有区分。情绪是情感的组织方式，情感是情绪的结构化反应。情绪是进化的结果。正如奥托·弗里特里希·博尔诺夫（Otto Friedrich Bollnow）所言，情绪是人们以一定的方式解释和说明世界和生活，是支配着人们把握事物和形势的方式。①

第四，安全感具有个体主观性。

综上，笔者比较认同丛中、安莉娟关于安全感的界定，即安全感是个体对可能出现的涉及个体身体的、心理的危险（或风险）的预感，以及个体在应对处置时的有力无力感，主要表现为确定感和可控制感。这个定义包含了从安全需要正、反两方面对安全感进行研究的可行性。从安全需要的反面研究安全感，可以研究个体的身体和心理的创伤、恐惧、焦虑和无奈；从安全需要的正面研究安全感，可以研究个体的成就感、自信心、确定感、可控感、幸福感等。然而，研究导致不安全感的因素不能直接推断什么能够带来安全感，因为在不安全感（恐惧、害怕）和安全感之间还存在其他情感、情绪感知，诸如内心焦虑、平静等。在本书中，着重考察个体在所面临的环境中，哪些因素将唤醒其安全需要即不安全感？因为，正是个体的不安全感使个体产生了安全需要。同时，个体的不安全感也是存在维度的，诸如身体层面的不安全感、关系层面的不安全感、能力层面的不安全感、价值和意义层面的不安全感。这就

---

① ［德］奥托·弗里特里希·博尔诺夫. 教育人类学［M］. 李其龙，等，译. 上海：华东师范大学出版社，1999：44.

是说，不安全感不是一种稳定的情绪、情感体验，而是一种流动变迁的情绪、情感体验。即当唤醒个体的不安全感的某一因素满足个体安全需要之后，不安全感（或安全感）就会转移到其他维度。基于以上论述，研究个体的安全感只能通过研究个体的不安全感（或安全需要）来进行，不安全感的变迁和转换过程展现的是个体寻求安全感过程中所表现出的复杂性。当然，通过研究个体的成就感、自信心、幸福感等方式研究安全感也非直接研究安全感自身，但只是通过个体的相关体验研究来推测个体寻求安全感的过程。

（三）关于儿童安全感发展的研究

1. 威廉·布列茨关于儿童安全感的研究

加拿大心理学家威廉·布列茨（William Bretz）自 1925 年开始，系统地研究了儿童安全感的发展历程，并建立了心理学史上第一个相对完整的安全感理论体系。他认为，安全感是人类在自然奋斗中寻求主宰的行动并对行动后果负责的过程；这种行动过程，在一定的目标完成之后，又会给个体的人格构成提供进一步的安全感；安全感是一种心理状态，是人对所处环境的感受；一般情况下，个体作为社会人，其安全感是一个复杂的、动态的、不断地变化的过程，具体可分为幼稚的依赖安全感、互相依赖的安全感、不安全感和独立安全感；在一定程度上，这四个层次的安全感代表安全感发展的四个阶段。但是，互相依赖安全感和不安全感错综复杂地贯穿个体发展的一生；而在安全感的运作上，一个人的安全感不是均衡发展的，而是具体的和局部的发展；个体对于某些事情感到安全自若，而对于另外一些事情可能会深感焦虑与不安；在生活中，个体为了应对出现的各种陌生的情形，会采用多种心理机制去寻求安全感。[①]

2. 奥托·弗里特里希·博尔诺夫关于儿童安全感的研究

奥托·弗里特里希·博尔诺夫（Otto Friedrich Bollnow）认为，

---

① 江绍伦. 安全感的建造［M］. 中国香港：岭南学院出版社，1992：32 – 33.

安全感是儿童正常发展所必需的。儿童从母爱、信赖、感激和服从的关系中获取与外界交往的信任关系，并以此为基础开辟他们认识世界和接触外界事物的道路。以安全感为基点，个体的人生分为三个阶段：第一，个体在儿童期具有安全感的初始状态，气氛纯真而充满信任；第二，安全感的世界终有一天会被打破，个体经过危难体会到自身的存在非常不安全，并产生孤立无援的失落感；第三，个体重新建立自己生活保障，重新获得在世界中的立足点。①

3. 对已有研究的评述

威廉·布列茨关于安全感的研究和分类，为笔者所进行的研究提供了一定的基础。但是他将安全感和不安全感混在一起进行研究，显然其研究策略可以进一步优化。因为只能通过研究唤醒安全需要即不安全感的一些因素，来开展安全感的研究。事实上，能够唤醒安全感的因素是不存在的，即使人们平时所说的，诸如身体健康能够唤醒安全感，也是因为身体的某些疾患的体验唤醒过他的不安全感。即人类个体是通过不安全感来感受安全感的。

奥托·弗里特里希·博尔诺夫以安全感为基点对个体的人生进行的阶段划分，虽然存在一定的合理性，但是其所划分的具体阶段却很笼统。显然，安全感与个体人生的关系非常复杂。然而，奥托·弗里特里希·博尔诺夫揭示的营造安全感的因素却具有普遍性。

（四）个体拥有安全感的重要性

拥有安全感是个体取得真正成功和实现个人发展的基础；安全感的存在是个体拥有正常和幸福生活的基础。人类最基本的安全感来自庇护、食物和衣服地提供。如果一个人缺乏最基本的安全感，那么，他在成长中无法完全展现自己的潜质。他们没有时间、资源去探究生命中更深层的意义，诸如精神方面成长、个人发展、爱及

---

① ［德］奥托·弗里特里希·博尔诺夫. 教育人类学［M］. 李其龙，等，译. 上海：华东师大学出版社，1999：45.

让人类变得美好的事物。①

安全感是个体自我发展的基础。自我发展会受到不安全感的干扰。在这种情况下，个体的安全需要会超越其自我发展的需要。当然任何事情都不是绝对的。当个体拥有内在的安全感即精神信仰和人生意义的依托时，能够唤醒其不安全感的因素几乎不存在。即安全感很重要，但对个体而言，寻求内在的安全感诸如精神和灵魂层面依托更加重要。

（五）安全感在教育活动中的重要性

印度灵性大师吉杜·克里希那穆提（Jiddu Krishnamurti）认为，在学校里，教师应当在经济上和心理上有安全感。如果教师自身没有安全感，就不能自由地去关心学生，那么他们就不能完全地负起责任。教师感觉快乐、安全，学生才能产生这种安全感，这意味着学生在身体上受到保护和照顾，没有恐惧，并且是自由的。学校终究应该是学生获得快乐的地方，而不是受到欺侮、受考试恐吓，被一套模式、制度强迫着去行动的地方。②

奥托·弗里特里希·博尔诺夫认为，教育工作者必须重视在教育过程中确保儿童获得安全感，使儿童始终感到自己受到关心、爱护和信任；这将有利于促进儿童的生长和发展。③ 而且，奥托·弗里特里希·博尔诺夫提出教育气氛的概念。他认为，师生的融洽的情感关系是教育气氛的核心要素；这种情感关系是学生安全感的核心，而且是达成学校教育目标的前提和基础。④

---

① ［美］威廉姆·布鲁姆. 淡定的力量：安全感［M］. 王瑨，译. 北京：同心出版社，2013：4.

② ［印］杜吉·克里希那穆提. 教育就是解放心灵［M］. 张春城，唐超权，译. 北京：九州出版社，2010：31.

③ ［德］奥托·弗里特里希·博尔诺夫. 教育人类学［M］. 李其龙，等，译. 上海：华东师范大学出版社，1999：17.

④ ［德］奥托·弗里特里希·博尔诺夫. 教育人类学［M］. 李其龙，等，译. 上海：华东师范大学出版社，1999：41.

恐惧感一直困扰着人类。学校管理人员和教师有责任消除教育过程中的恐惧感，因为它会损害心智、破坏敏感性、钝化感官；教师的职责不只是要带来学术上的优秀，更为重要的是为学生和自己带来心灵的自由。① 另外，教师相对于学生所拥有的优越感，使学生产生了"我必须被教育"的自卑感。师生这种关系导致了学生产生了一种压迫和紧张的感觉即恐惧感；学生在这种学校教育中，要么成为侵略者，要么不断地屈服和顺从；从根本上而言，在教育过程中，既没有教育者也没有受教育者，只有学习。②

奥托·弗里特里希·博尔诺夫认为，教育者的爱与信任有利于发展充满安全感的教育气氛，这是构成教育关系的首要条件。③ 同时，爱和信任能够改变儿童，增强儿童的能力和内在力量。④

综上，建构和维系师生感到的安全的教育，是教育管理人员的首要责任。首先是保障教师心理和经济上的安全，其次是消除教师对学生的优越感，用希望、爱和信任营造一种具有安全感的教育氛围和环境。

（六）安全感与归属感的关系

归属感给个体的生活提供了安全的基石。英国心理学家约翰·鲍比（John Bowlby）认为，在儿童与抚养者之间的安全依恋形成后，儿童会感到足够的安全感，他可以离开母亲去探索外部世界。在此意义上，安全依恋提供安全感。这种感觉激发了儿童探索环境的意愿。"对各个年龄段的孩子而言，一旦他们感到安全，他们就

---

① ［印］杜吉·克里希那穆提. 教育就是解放心灵 ［M］. 张春城，康超权，译. 北京：九州出版社，2010：11.

② ［印］杜吉·克里希那穆提. 教育就是解放心灵 ［M］. 张春城，康超权，译. 北京：九州出版社，2010：7 – 14.

③ ［德］奥托·弗里特里希·博尔诺夫. 教育人类学 ［M］. 李其龙，等，译. 上海：华东师范大学出版社，1999：46.

④ ［德］奥托·弗里特里希·博尔诺夫. 教育人类学 ［M］. 李其龙，等，译. 上海：华东师范大学出版社，1999：42.

会离开依恋的人去探索外部世界。但当遇到警告、感到焦虑或者不情愿时，他们就有一种渴望亲近的愿望"。①

在英语中，"归属感"一词既可翻译为 sense of belonging，又可翻译为 group reliance。即归属感是一种群体依恋或依赖。结合约翰·鲍比的观点，归属感类似于安全依恋。安全依恋满足的是安全需要。安全感和归属感有着内在一致性，即安全需要得以满足是其共同基础。

（七）宗教文化中的安全感

另外，关于安全感的论述，《心经》有"……心无挂碍，无挂碍故，无有恐怖"；《老子》中"及吾无身，何患之有"。当然，常人的修行不可能达到这个境界。

信仰能够给予个体安全感和归属感。著名的印度修女特蕾莎（Mother Teresa of Calcutta），信奉天主教，她将自己与世界的关系理解为自己与上帝的关系，对上帝的信仰使她拥有无尽的力量，使她不惧怕世界上任何苦难。信仰使她拥有安全感和归属感。阅尽人间苦难的特蕾莎认为，人最大的贫穷不是没有钱，而是不被人爱，不被需要。即人的身体或心灵的无所依，缺乏安全感与归属感是人最大的缺失。

综合以上关于安全感的论述，笔者认为，学生安全感是指学生在学校教育环境中，心灵自由、没有恐惧和焦虑的教育体验或感受，这种感受需要爱和信任来培育。当然，在本书中，针对学生安全感所采用的研究策略，是基于对学校教育环境中唤醒学生安全需要（即不安全感）诸因素的研究，去划分唤醒学生安全需要的所有因素的维度和层次，并在此基础上归纳学校教育环境中学生安全感的结构和阶段特征。当然，在建构学生安全感的普遍模型时，也采取了概念演绎法来推测安全感的概念结构。这部分将在第二章详细论述。

---

① ［美］乔纳森·布朗. 自我［M］. 陈浩莺，等，译. 北京：人民邮电出版社，2004：174.

二、"自我"的概念研究与"自我发展"的阶段研究

作为社会人，证明自我是社会人的普遍需要之一，是人类个体产生行为的主要动机之一。人类个体总是在三种情境水平上证明自我：跨情境水平，包括"我是谁?"这类问题来知觉知我；一般情境水平，通过个体在诸如工作、家庭、学校和社区中的二级身份来知觉自我；特殊情境水平，通过个体与某个特殊的人互动时的角色身份来知觉自我。自我在每一种水平都具有情感负荷。所以，所有的互动都能唤醒情感。当他人的反应证明了自我时，个人将体验到积极情感。相反，当自我在所有水平上都没有得到他人证明时，个体将体验到负面情感。①

(一) 关于"自我"的概念研究

1. 卡尔·罗杰斯（Carl R. Rogers）关于"自我"的相关研究

卡尔·罗杰斯认为，个体以一种独特的方式来知觉世界，它包括有意识的知觉和潜意识的知觉，它们构成个人的现象场（phenomenal field）。自我是现象场中的关键部分，它是一个有组织的、一致的感知模式。尽管自我处于变化之中，它总是维持着模式化的、整合的、有组织的特性。作为有组织的知觉体系，自我既反映旧的经验又影响着新经验的获得。

儿童早期的自我，很大一部分来自对父母评价的感知。儿童的自尊或个人价值的判断都来自这些感知。在父母的赞同和支持下，儿童将新经验纳入自我中。另外，如果父母把条件强加到儿童基本的自我价值上，儿童就会把这些威胁自我价值的经验知觉为一种威胁而加以拒绝。即与自我结构不一致的经验会被否定或歪曲。最

---

① ［美］乔纳森·H. 特纳. 情感社会学 ［M］. 孙俊才，等，译. 上海：上海人民出版社，2007：114.

初，卡尔·罗杰斯强调与自我系统机能有关的自我一致性（self-consistency）需要，逐渐的他更强调维持与价值条件相关联的自我感的需要。此外，卡尔·罗杰斯还认为，自我的认知方面、情感方面以及意识方面和潜意识方面都重要。①

2. 爱利克·埃里克森（Erik H Erikson）的自我社会性发展理论

爱利克·埃里克森认为，自我是人格的中心②，是"个体以良好适应的方式将经验和行为融为一体的能力"，帮助个体适应生活冲突并且使个体在平衡社会力量时不丧失自己的个性。在儿童期，自我极其脆弱，但是到了青少年期，它就开始获得能量。在人整个一生中，自我将人格统一起来，并防止它的分裂。自我是一种无意识的组织中介，在一定程度上将现实经验与过去的自我同一性综合起来。自我包括三个相互联系的有机部分：躯体自我、自我理想和自我同一性。躯体自我指的是躯体方面的经验，人们可能满意或不满意他们自己身体的样子和功能，但是他们承认这就是他们与生俱来的身体。自我理想是人们对自己的意象，这种意象是与确立的理想相比而形成的。自我同一性是个体在各种社会角色中对自己的意象。

3. 威廉·詹姆斯关于"宾我"的相关研究

威廉·詹姆斯（William James）用宾格的"我"（self）来指代人们关于"他们是谁"以及"他们是什么样"的想法。他将"宾我"的组成部分分成三类：物质自我、社会自我和精神自我。物质自我分为躯体自我和躯体外自我，其中，后者指的是那些虽不属于人们自身的躯体，但它们对人们的意义类似于躯体对于自我的意义的某些物质实体。社会自我指的是人们如何被他人看待和承

① ［美］L. A. 珀文. 人格科学［M］. 周蓉，等，译. 上海：华东师范大学出版社，2001：240 –242.

② 自我与人格存在差异。自我主要指个体对自己相对主观的认知，人格更侧重自身客观的因素。［美］乔纳森·布朗. 自我［M］. 陈浩莺，等，译. 北京：人民邮电出版社，2004：3 –4（导言）.

认，包括人们的社会角色、社会地位。精神自我指的是人们的内部自我和心理自我。①

4. 查尔斯·库利关于镜像自我的研究

查尔斯·库利（Charles H. Cooley）主要关注人们是如何感觉自身发展的。他认为，个体对自我的觉知由社会决定。可以想象一下，我们是如何被另外一个人看待的，这种知觉决定了我们如何感觉自我。人们对其他人如何看待自己的想象和知觉，决定人们的自我发展。自我发展分为三个过程：第一，人们对自我在他人眼中的形象进行想象；第二，人们想象这个人如何评价自己；第三，人们因对这种想象的判断而感觉好或不好。②

5. 哈里·沙利文的人际关系理论中的"自我系统"研究

哈里·沙利文（Harry S. Sullivan）的人际关系（interpersonal theory）理论认为，个体能否健康发展有赖于他与别人建立亲密关系的能力。自我系统（self-system）是人类个体一种稳定的行为模式，人们通过它保护自己免于焦虑，以维持他们的人际安全。自我系统同亲密关系一样产生于人际情境中，是一种的合取（有益）的人格发展动力③。自我系统能够觉察出个体焦虑水平的变化，并提供一种信号，提醒人们注意日益增多的焦虑，让他们有机会保护自己。另外，这种抵抗焦虑保护自我的渴望使自我系统抵制变化，并且使人们不能从充满焦虑的经验中获益。因为自我系统的主要任务

---

① ［美］乔纳森·布朗．自我［M］．陈浩莺，等，译．北京：人民邮电出版社，2004：16 - 20.

② ［美］查尔斯·库利．人类本性与社会秩序［M］．包凡一，等，译．北京：华夏出版社，1999.

③ 哈里·沙利文将人格动力作用分为两大类：第一类，它们与躯体特定的区域有关，这些区域包括口腔、肛门、生殖器。第二类包括三种，其一是与敌意相关的破坏性的行为模式；其二是与人际关系无关的行为模式，如性欲；其三是指与亲密关系和自我系统有关的有益的行为模式。参见［美］杰斯·费斯特，格雷戈里·J. 费斯特．人格理论［M］．李茹，等，译．北京：人民卫生出版社，2005：182.

是保护人们免受焦虑的伤害。①

随着自我系统的发展，个体开始形成一致的自我意象。自此，与个体自我系统相悖的人际经验会威胁他们的安全。结果，人们试图通过安全操作（security operation）的方式来降低威胁自我系统所引起的不安全感或焦虑感。两个重要的安全操作是分裂（dissociation）和选择性疏忽（selective inattention）。分裂包括个体拒绝纳入意识的那些冲动、欲望和需要。选择性疏忽，指的是拒绝看那些自己不希望看到的事情。② 自我系统具有维护自我一致性的作用，在危机事件中，自我系统会启动安全操作以减少个体焦虑。

（二）相关研究的评述

综上，心理学研究中，"自我"概念界定具有复杂性。不同研究视角，会得出不同的"自我"概念。在心理学研究中，"自我"整体上可理解为个体对自己的看法以及对他人关于自己看法的知觉体系。它产生于社会关系中个体证明自己的需要。卡尔·罗杰斯认为，"自我"是模式化的经验纳入机制，它满足个体对稳定性的需要，抵制变化；但随着个体经验变化，自我机制也不断地变化。哈里·沙利文认为，自我是个体保护机制之一，它能够消除个体的焦虑，并在一定情境中唤醒安全操作等。爱利克·埃里克森认为，自我是将经验和行为融为一体的适应环境能力。但需要继续思考的是，无论作为一种机制还是作为一种能力，自我都拥有维系个体自身经验一致性的功能。尽管它追求稳定抵制变化，但它又处于不断地变化之中。人们需要研究自我的结构是如何确保自我保护功能的顺利启动与这种结构内部是如何变化才能确保自我机制发生相对应的变化。也许，在心理学研究中，可以将自我的结构假设为一种意

---

① ［美］杰斯·费斯特，格雷戈里·J. 费斯特. 人格理论［M］. 李茹，等，译. 北京：人民卫生出版社，2005：183.

② ［美］杰斯·费斯特，格雷戈里·J. 费斯特. 人格理论［M］. 李茹，等，译. 北京：人民卫生出版社，2005：177 - 184.

识结构或认知结构。但是，本书作为教育研究比较赞同爱利克·埃里克森的观点即"自我是个体社会的、历史的、文化的产物"。价值选择贯穿社会、历史和文化的具体过程，因此本书提出"自我的结构是一种价值选择结构"。价值（选择）承载于关系之中。自我的这种价值选择结构在各种关系中展开，由于个体看待自身的立场转换，从自我中心的立场（"我"在其中的世界为"我"服务）到克服自我中心的立场（诸如社会中的"我"）再到超越自我中心的立场（诸如人类共同体的"我"），自我的内在价值结构在不断地变化发展，从而实现自我的包容式发展。

三、安全需要与自我发展的相关研究

安全需要主要由个体的负面经验所唤醒，如焦虑、恐惧、危机等。系统而完整地研究安全需要与个体自我发展，首先需要对安全需要和个体自我发展两个核心主题做充分的研究，并从中找出贯穿两个主题的线索性要素；其次，需要选取特定的研究视角切入自我发展个体所处的阶段。在本书所进行的相关研究的文献搜索中，并没有找到完全契合的研究文献。但是，在研究人格发展理论①的相关文献中，哈里·沙利文和爱利克·埃里克森的研究很值得关注。

1. 焦虑与人格发展

哈里·沙利文认为，焦虑产生的行为对个体人格发展产生的影响包括：第一，会妨碍人们从错误中吸取教训；第二，会使人们不断地追求幼稚的安全愿望；第三，会使人们确信不会从他们的经验中学到什么。焦虑主要产生于复杂的人际情境，它是人际关系健康发展的主要破坏力量。② 哈里·沙利文将人际情境中的焦虑贯穿于

---

① 从人格发展的阶段性理论中剥离出自我发展理论几乎是不可能的。因此，在文献梳理中，人格发展理论直接作为研读对象进行分析。但应该澄清的是二者确实存在差异。

② ［美］杰斯·费斯特，格雷戈里·J. 费斯特. 人格理论［M］. 李茹，等，译. 北京：人民卫生出版社，2005：181.

人格发展的七个阶段。

（1）婴儿期：焦虑源于与抚养者（母亲）的交往。婴儿期是从出生一直持续到儿童能清晰地发音为止，一般大约在 18～24 个月。婴儿是通过得到像母亲一样的抚养者的抚育而成为一个人的。对婴儿来说，几乎所有生存需要的满足都需要抚养者给予。母亲的焦虑会传染给婴儿。婴儿会形成关于母亲的双重人格意象，他把母亲看成"好母亲"和"坏母亲"。

（2）儿童期：焦虑主要源于抚养者，但出现了想象中的玩伴消解了儿童部分焦虑。儿童期的开始是以儿童交际语言的出现为标志的，一直持续到需要同等地位的同伴为止。在西方社会中，这个时候从 18～24 个月开始一直到 5 岁或 6 岁。在这个阶段，母亲对儿童来说仍然是最重要的人物，"好母亲"和"坏母亲"两个人格意象合二为一，儿童对母亲的知觉更接近"真实母亲"。在儿童期，情绪是双向的，儿童接受温柔，同样也能给予温柔。除了父母之外，学前儿童还有另外一种重要的关系，也就是与假想玩伴的关系。这种想象中的朋友能够给儿童一种安全感，减少儿童焦虑。哈里·沙利文认为，儿童期是迅速适应文化的时期。除了学会语言外，儿童还应学会清洁、便溺方式、饮食习惯以及性别角色期待等文化行为模式。他们还学会了另外两个重要的过程：戏剧化和全神贯注。戏剧化是指儿童扮演一些重要的权威人物的举止，特别是父亲和母亲，像他们那样做事、说话。全神贯注是指通过先前被证明有益的或受奖励的活动保持迷恋，从而避免焦虑和避免唤起恐惧情境的策略。

（3）少年期：此阶段焦虑的来源主要是同伴的竞争和无原则的妥协。少年期始于对同等地位玩伴的需要，终结于儿童终于找到一个满足亲密需要的密友。这个时期的儿童应该学会竞争、妥协和合作，这些是儿童社会化的重要步骤，这是少年在整个发展阶段所面临的最重要的根本任务。儿童少年期结束的时候应学会始终如一地控制焦虑、满足躯体特定区域的需要和温柔的需要，建立以记忆力和预见为基础的目标。这种生活倾向性为儿童进一步发展人际关系做好了准备。

（4）前青年期：此阶段焦虑主要源于同性密友关系的缺乏。前青年期始于 8 岁半，终结于青年期，是儿童与某一个人形成亲密关系的时期。前面的所有时期儿童都是以自我为中心，是以自身的兴趣为基础形成好友关系。这一阶段最显著的特征是儿童生成爱的能力，亲密关系和爱是这一阶段最重要的内容。亲密关系是双方都一致认可彼此的个人价值的一种关系。当个体认为他人需要的满足与自己需要的满足同样重要时，就有了爱。

（5）青年早期：此阶段焦虑主要源于亲密关系、性爱和安全感的交错影响。青年早期始于青春期，结束于对（个体对）异性爱的需求的出现。前青年期所产生的亲密关系的需要在青年早期仍然继续着，只是这时伴有一种平行而又独立的需要—性爱。除此之外，安全感或者避免焦虑的需要在青年早期仍然很活跃。

（6）青年后期：当一个年轻人能够对另外一个人有性爱和亲密两种感觉时，个体的青年后期就开始了。当他们建立永久的恋爱关系时，个体的青年后期就结束了，进入了成年期。青年后期包含自我发现时期。青年后期的突出特点是亲密和爱的融合。如果前几个阶段发展不顺利，到达这一阶段的年轻人就不会有亲密的人际经验，没有一致的性活动模式，但是具有强烈地维持安全操作的需要，并通过选择性疏忽、分裂和神经症来维护自尊心。在填补社会所期望的与异性建立亲密关系的能力和个体与异性形成亲密关系的无能之间的鸿沟时，他们常常面临着严重的困难。

（7）成年期：成熟的成年人能够敏锐地洞察其他人的焦虑和安全感；他们自己的焦虑水平也很低。①

在哈里·沙利文的研究中，焦虑和恐惧是有区别的。恐惧是有

---

① ［美］杰斯·费斯特，格雷戈里·J. 费斯特. 人格理论［M］. 李茹，等，译. 北京：人民卫生出版社，2005：188 – 194.

具体指向的，而且能够唤醒安全需要，有时能导致个体出现积极的行为。但焦虑是弥散的，只能被人模糊地意识到，甚至没有进入意识领域，它必然导致消极的行为。① 显然，哈里·沙利文的研究更多的关注焦虑与人格发展的关系，而且具体阐述了焦虑唤醒安全操作的机制，安全操作阻碍了个体人格的正向发展。这一发现对笔者提供了诸多启发。另外，哈里·沙利文对人际交往与人格发展关系的重视，启发我们在研究学生安全感的寻求和自我发展过程中要重视自我与他人的关系②。当然，能够唤醒个体自我的安全操作的不止焦虑，其他负面情绪、情感体验诸如恐惧、悲伤等情绪同样能唤醒个体自我的安全操作，从而阻碍个体人格的健康发展。这也是哈里·沙利文人格发展理论的局限性。

2. 危机与自我发展的关系研究

奥托·弗里特里希·博尔诺夫认为，只有通过危机，人类个体才能获得真正的自我，亦即获得一个稳定的、不受任何影响的、对自己负责的状态。③ 人类个体向某个新的生命阶段过渡，只有通过危机才能实现。任何人除了坚定的渡过危机外就不能获得内在独立性。只有在危机中或经历过危机，个体才能成熟起来。④

爱利克·埃里克森认为，自我的发展不是自然的过程，在不同

---

① ［美］杰斯·费斯特，格雷戈里·J. 费斯特. 人格理论［M］. 李茹，等，译. 北京：人民卫生出版社，2005：181 - 182.

② 人际交往为自我发展除了提供发展契机之外，还提供了他人认同。在自我发展初期，获得他人认同是获得自我认同前提；同时也是个体适应社会、获得社会资源的策略。当个体获得自主的能力，在他人认同的重要性下降。个体在于环境互动时存在两种力量，即个体自主力和他人控制力（影响力）。两种力量的斗争和此消彼长形成个体适应和超越两种生存取向。人之初，个体自主力比较微弱，个体主要通过适应环境来换取生存资源和发展资源，在这一过程中个体获得某些角色并形成他人认同；随着个体自主力的增长，个体主动寻求或建构自我认同。

③ ［德］奥托·弗里特里希·博尔诺夫. 教育人类学［M］. 李其龙，等，译. 上海：华东师范大学出版社，1999：63.

④ ［德］奥托·弗里特里希·博尔诺夫. 教育人类学［M］. 李其龙，等，译. 上海：华东师范大学出版社，1999：64.

阶段，总是面临一些矛盾或危机。表1-1中是爱利克·埃里克森关于自我发展八个的阶段。危机对不同的个体有着不同的意义，个体只有尽己所能地面对危机，才能顺利过渡到下一个成长阶段。在一系列发展阶段中，自我逐渐形成。在此过程中，个体的社会关系不断地扩大，从父母到对整个人类的认同。自我在特定的历史背景和社会环境中发展，自我是历史、文化和生物学的产物。①

表1-1 　　　　　爱利克·埃里克森的自我发展八个阶段

项目	每个阶段的基本力量	每个阶段的心理社会危机
老年期	智慧	自我完整 VS 失望厌恶
成人期	关心	繁殖 VS 停滞
成人早期	爱情	亲密 VS 孤独
青少年期	忠诚	同一性 VS 角色混乱
学龄期	能力	勤奋 VS 自卑
游戏期	目标	主动性 VS 内疚
儿童早期	意志	自主 VS 羞愧、疑虑
婴儿期	希望	基本信任 VS 怀疑

资料来源：彭小虎，王国峰，朱丹. 儿童发展与教育心理学 ［M］. 上海：华东师范大学出版社，2014：40-41.

人类学家奥托·弗里特里希·博尔诺夫和心理学家爱利克·埃里克森都将自我的发展与个体在某一阶段所面临的危机相关联，并且爱利克·埃里克森将不同时期个体所面临的危机具体化并指出个体渡过危机所需要的基本力量。面对这些危机个体不仅涉及价值选择，还涉及发展方向的选择和基本力量的获得。事实上，任何选择都可

① ［美］杰斯·费斯特，格雷戈里·J. 费斯特. 人格理论 ［M］. 李茹，等，译. 北京：人民卫生出版社，2005：205-221.

以看作是处于对立统一关系之中的价值选择。

　　同时，在以上相关论述中，危机将个体对安全感寻求与自我发展关联起来。个体对安全感寻求将导致自我发展朝向两个不同方向：个体进行安全操作导致的自我发展停滞；或者个体超越安全需要选择具有更高价值的行为，实现自我的包容式发展。

　　将学生安全感的寻求与自我发展作为本书的研究主题，选择"自我发展"而没有选择"人格发展"或"学生发展"的原因是：学生人格发展和学生发展是一种更加客观的视角，极有可能导致某些客观指标外在于学生内在的自我需求，从而使学生自身内在需求受到压制或异化。在学校教育环境中，对学生安全感寻求的研究将直接指向学生的自我发展，但与相对比较客观的学生发展主题或人格发展主题却缺乏直接的关联。

第三节　研究设计

一、研究意义和研究目标

（一）研究意义

　　第一，该研究的理论意义。选择"学生安全感的寻求和自我发展"作为研究话题，是研究者以学生自身的立场来观察他们生活其中的学校教育环境。首先，由于个体的成长经历和生命体验的独特性，安全感的匮乏和寻求几乎在每一个个体身上都会有不同程度地体现。在寻求安全感的过程中，个体极易迷失于寻求过强的安全感和归属感之中。而在学校教育环境中，学生的自我发展较个体安全感寻求更为重要。学生安全感的需求和自我发展究竟存在什么样的关系？纵观个体一生，安全感处于不断地变化之中，安全感在每个人生阶段，特别是学生时代，处于什么样的发展形态？同样，学生个体自我的萌芽、发展和成熟在不同学龄阶段具有什么特征？二者的结构有何差异？二者之间发展轨迹是如何相互影响的？本书对这些问题的揭示具有理论创新意义。

第二，该研究的实践指导意义。学生安全感理论的揭示，对于班级管理和学生德育等工作具有实践指导意义。另外，在学校教育环境中，安全感和自我发展关系的揭示对学校管理、教师成长等，同样具有一定的实践指导意义。

（二）研究目标

中国现行学校教育实施过程中，对学生安全感的寻求与自我发展有着怎样的影响？学生在接受学校教育过程中，在自我形成初期，安全感的寻求与自我发展是否存在一定的重叠，最终是否会分别发展？

研究目标针对以上两个主要的研究问题展开，包括以下五点。

其一，以学生个体视角展示学生自我的教育经历和独特体验，站在学生的立场上审视现代学校教育体系，诸如教育制度和教育管理、同学关系和师生关系等。

其二，基于相关研究文献提炼出学生安全感的内涵和外延。基于教育自传文本和一些访谈资料，提炼出学生安全感结构和变迁规律。

其三，基于相关研究文献提炼出合适的自我发展理论并透析本书所搜集的第一手研究资料。

其四，基于上述研究结果，探讨学生安全感和自我发展的关系，提出二者相互作用的可能机制。

其五，根据研究所揭示的学生安全感与自我发展的关系，对我国现代学校教育体系的教育目的进行理论上的反思，在教育基本理论层面上提出相应的思考。

二、研究对象和研究方法

（一）研究对象

本书的研究对象为大学本科及研究生阶段的学生，其中缘由是基于以下三点考虑。

其一，安全感作为一种主观性的心理感受或情绪体验，受多种因素影响，比较复杂。若将研究对象设定为各个学龄阶段的学生，虽然更具有科学性，但无法把握个体在完整的学校教育生涯中安全感寻求的变化历程。其二，自我的发展同样具有变迁性，而且个体自我意识的觉醒和成熟需要经历一系列的重要事件。选择较为成熟的个体作为研究对象，有利于对自我这一主题有更为整体的把握。其三，探究二者的关系，甚至需要对同一个体进行关于两个主题的深度研究。

当然，选择这两个阶段的学生作为研究对象，也具有风险。

其一，样本难以代表总体，得出的研究结论能否推断总体，即使能够，在多大程度上具有适切性。其二，所选样本基本是现代教育（或应试教育）的胜利者，那些在之前的学校教育阶段被淘汰的失败者最应该是研究对象，却无法进入研究视野。

综上所述，本书仍然选择大学生作为研究对象的理由包括：首先，每一个个体对具有无可替代的独特性，每一个个体的教育经历和体验都是实证的、科学的和真实的，而且充满社会背景印记和群体色彩，足以反映总体共性的规律和特征。其次，无论是现代教育的成功者或失败者，对安全感或不安全感的体验只有程度差异而无类型差异，对自我发展所处阶段同样虽有类型差异，但不会超越自我发展所有阶段（个体只可能超越或固着自我某一发展阶段）。最后，鉴于所采用的研究方法，即自我传记法和访谈法，这两种方法都不适合做大规模的抽样。

（二）研究方法

1. 关于安全感主题和自我发展主题的研究文献所采用的研究方法

根据所查阅到的文献，在关于安全感的研究中相关研究者所采用的研究方法主要是问卷调查法，较著名的测量工具是亚伯拉罕·马斯洛的安全感/不安全感问卷。另外，威廉·布列茨对儿童安全感的研究采用的是观察、儿童自陈报告、经验分析等多种研究方法相互印证的方式。即观察儿童的自然行为，引导儿童自省，记录儿童在各种情形下的感受；从成人的经验出发，就生活现实发生的事情和反应，分析儿童与自己、他人、环境的互动。

目前，在自我主题中关于自我意识的研究比较成熟，广泛分布于人类学、社会学、哲学、心理学等学科，所涉及的方法也较为多样；最为经典的研究法有精神分析的释梦、自陈报告、自我传记、自我分析等。在教育学科中，关于自我意识的研究方法是教育自传法。

2. 本书所采用的研究方法

根据本书的研究问题并结合以上提及的和本书所能把握的研究方法，本书主要采用自传研究法和访谈法。

（1）自传研究法。在教育学科中，使用自传研究法较为成熟的是美国课程论专家威廉·F. 派纳（William F. Pinar）。他采用自传研究法开发出"存在体验性课程"，以培养学生的自我意识，促进学生自我发展。另外，加拿大著名教育学者马克斯·范梅南（Max vanManen）在其《生活体验研究：人文科学视野中的教育学》（*Researching Lived Experience Human Science for an Action Sensitive Pedagogy*）中，从现象学的视角提出，研究个人生活体验对教育学发展具有重要意义。我国学者刘良华教授和陈雨亭博士对传记研究法做过系列研究。教育传记法能够较好地呈现自我发展的连续性甚至断裂性。自传研究法是叙事研究法的一种，也属于实证研究，使用过程需要符合一定的学术规范。

本书以大学本科生和研究生作为研究对象，用非概率抽样的方法邀请学生参与教育传记文本的写作。

首先，自传文本写作主题设计。自传文本属于研究者与被研究对象的合作传记。它有两个主题，即接受学校教育过程中"安全感寻求"和"自我发展"。笔者对两个主题都进一步设计了一系列的次级主题。安全感寻求主题的传记所包括的次级主题主要有：创伤事件（生理创伤、心理创伤、信仰危机）、负面人物及事件（讨厌或恐惧的老师、学生或其他人）、负面的学校制度观感、幸福或骄傲事件、正面的重要他人（可简略）、正面的学校制度观感。自我发展主题传记所包括的次级主题有：榜样人物变迁、理想和抱负变迁、信仰确立、自我认同危机事件、专业选择（本科阶段和研究生阶段）、教育生涯获得了什么（物质自我、关系自我、精神自我）、墓志铭和座右铭等。

其次，初选教育传记文本。在教育传记模板设计和调试过程中，笔者前后共向 84 名学生发出教育传记的写作请求，一共收到 80 份教育传记文本；在 80 份教育传记文本中共筛选 36 份相对较为完整的安全感—自我教育传记文本的分析材料。选择后的传记文本按照生源地（根据中国传统经济带划分东、中、西部地区归类）和性别进行归类，归类结果见表 1－2。

表 1－2　　　　　　　　　研究对象的属性归类　　　　　　单位：份

项目	东部地区	中部地区	西部地区	合计
男	4	7（含 1 名研究生）	4	15
女	10（含 2 名研究生）	6（含 1 名研究生）	5	21
合计	14	13	9	36

资料来源：笔者整理。

（2）访谈法。本书中的访谈法，主要是针对传记研究过程中研究对象在传记文本中有所涉及但未表述完整，或某些重要事件需要再度验证的部分通过访谈所进行二次补充，以推进研究。补充性访谈主要是对 3 ~ 5 位学生关于"教育过程中恐惧对象"主题和"学校和专业选择"主题的深入了解。主要通过 QQ 聊天的方式进行，访谈进行的时间主要集中在 2015 年 3 月 ~ 5 月。这种方式虽然比较耗时，但由于主题相对集中，涉及人数较少，而且文本易于整理，故采用这种方法。由于涉及主题的意义单元相对简单，对这部分访谈资料的处理没有进行直接编码。

3. 研究工具

在阅读相关文献的基础上，本书构建了安全感的概念结构和自我发展的人性跃迁理论，并制作了教育传记写作提纲和模板作为研究素材的收集工具。教育传记写作提纲和模板，用来收集学生教育生涯中教育体验的文字材料，具体细节请参考本书附录部分。

三、研究过程

此处的研究过程主要展示的是教育自传文本的收集过程和对收集到教育传记文本的处理过程。

（一）教育传记模板的设计与传记材料搜集策略的调整

在本书中，研究者的教育传记文本的撰写对整个研究的推进起着非常关键的作用。研究者自身的教育传记是指研究者对自己受教育经历总结和反思，并按照教育传记提纲的要求写成教育传记模板，提供给研究对象。在收集研究素材时，研究者本人的教育传记作为沟通研究者和被研究者的桥梁，目的消除研究者和被研究对象之间的隔阂和芥蒂，增进彼此的信任。

在制定研究工具——教育传记模板时，研究者本人完成教育传记写作后发现，将安全感寻求和自我发展两个主题杂糅的写作方式不利用向研究者收集到符合要求的分析材料，于是将原本混合式的教育传记写作方法改为按照时间顺序主题写作的教育传记写作方法。

　　研究者尽管按照研究主题制定了教育传记的写作模板，并将自己按照时间顺序写就的教育传记模板一并发给被研究者。2015年3月，第一次共向10位来自上海某师范大学的本科学生发放教育传记模板。这10位大学本科生是笔者在澳大利亚访学时相识的，相对而言，他们在同龄人中都比较优秀。2015年3月下旬，笔者向两位同学和两位亲戚约稿。在这14人当中，共10人在约定的一个月内，即4月份，比较积极地完成了教育传记的写作计划。其他参与教育传记文本写作的学生由于各种原因没能完成教育传记的写作计划。

　　收到这10份教育传记文本后，对其中的5位大学本科生进行了补充性访谈（访谈是通过微信或QQ的方式，当时笔者在澳大利亚访学），收集到了原教育传记文本没写清楚的的研究材料。经过这一轮的传记材料初步收集，笔者"对究竟该如何操作教育传记法和访谈法被研究对象更容易接受？"这一问题进行了反思。

　　第一，关于主题式的教育传记写作方法。初步证明这种方式比较成功，提交过来的10份教育传记有5份采用这种写作方法。关于安全感的写作主题中的"创伤事件系列和幸福或骄傲事件系列"，有研究对象提议二者调换顺序，"因为大家都喜欢先说令人高兴的事"。本书吸取了这项建议并传记写作模板予以调整。

　　第二，关于研究对象的选择。这一次选择自己认识的熟人，尽管有8人参与教育传记写作或访谈，但是笔者仍感觉到这种取样方法存在问题。首先，在熟人之间选择研究对象，研究对象呈现传记文本时存在隐私顾虑。在参与研究之前，尽管将双方平等合作的研究关系已经在与合作研究对象初步沟通时阐述清楚，但他们仍有顾虑。在教育传记文本回收过程中以及访谈过程中已有所体现。其次，在具体的教育传记写作和访谈过程中，由于是熟人关系，研究者与被研究者的关系难以合理处理：被研究对象的情感负担容易转移给研究者本人；在访谈过程中由于某些原因研究者与被研究者的关系可能会突然转换成熟人关系，从而导致研究过程中断，造成双方的时间和精力大量耗费。基于此，对原先准备在熟人和同学中搜集教育传记并进行深度访谈的研究设计进行了调整：首先放弃在熟人和同学之中进行教育传记和访谈资料收集的研究计划，但不轻易放弃通过第三方获取他人的教育传记材料的方法；同时扩大教育传记资料的数量，从数量中挑选质量较好的教育传记文本；扩大教育传记搜集范围，即对互联网中和已出版书本寻找相关教育传记材料文本；最后，鉴于调研对象和范围的扩大，放弃大样本访谈法作为辅助研究方法。

（二）教育传记文本的大规模搜集阶段

此阶段主要是利用笔者的同学中在大学从事教学工作的便利，从其所执教的大学生中分别邀请至少 30 名学生进行教育传记的写作。通过各方努力，这个阶段收集到上海某高校大学本科生教育传记材料 30 份、福建某高校大学生教育传记材料 20 份、西安某高校大学生教育传记材料 10 份、云南某高校学生收集教育传记材料 10 份。在这 70 份教育传记材料收集过程中，是将教育传记写作模板和写作举例共享给了他们。这一次收集上来的教育传记材料量比较大，但也存在一些问题。首先，有部分学生并没有认真写教育传记，而是存在复制模板部分内容的嫌疑，这样的教育传记共 2 份。在筛选教育传记材料时，这 2 份被直接剔除。另外，有些同学对某些需要认真考虑的问题没有作答。这种情况也比较容易理解，即个体没有思考此类问题，这也是学生面临这样问题的一种处理方式。这种状况不影响对教育传记文本的分析。

在互联网上和已出版的书籍中收集到的教育生涯回忆性的材料的情况，如下：收集到李家成教授的两本关于高中教育的书籍《成长需要：在高三与大一之间》① 和《回首高中：大学生的高中记忆

---

① 李家成. 成长需要：在高三与大一之间［M］. 天津：天津教育出版社，2006.

及教育学评点》①；收集到刘良华教授的《教育自传》材料；收集到网上教育自传材料《武汉大学一名学生的教育反思》；收集到柴静的作品《看见》中，关于她大学教育的一些回忆材料。这类材料并不是本书的主要分析素材，只作为某些验证性的补充材料。

（三）自传材料阅读筛选和处理过程

在第一次材料收集过程中，经过初步阅读选出合格部分，对学生的传记文本和访谈资料进行整理完善。其中，把学生按照时间顺序写成的教育传记文本和访谈资料，要整合成主题写作的教育传记模式，其中不能转化部分建立档案予以保留以备后续分析。

第二次材料收集过程中，筛选出符合要求部分，按照主题进行归并，其中不能转化部分建立档案予以保留以备后续分析。

第三次材料收集过程中，由于第三次材料的收集大多数不属于过程性描述传记，而只是散点式的成长回忆，特别是高中部分和大学部分。因此这些材料只能做辅助性的分析材料，不能作为过程性的验证材料。这部分材料单独建立档案保存。

（四）教育传记材料分析过程

本书最终选择 36 份相对完整的教育传记材料进行主题分析。由于在教育传记写作过程中，已经要求教育传记写作者按照"安全感"和"自我发展"主题进行写作，因此教育传记材料的分析主要集中在次级主题下文字材料进行主旨提炼和编码以及相同主旨的材料合并，最后对同一主旨下所有材料的优化和筛选。

1. 理论的建构与传记材料分析结构的设计

本书建构了个体在理想状态下的安全感和自我发展的具有一般性的概念结构，并结合我国特定的现代教育环境特征，归纳和演绎

---

① 李家成. 回首高中：大学生的高中记忆及教育学评点 [M]. 天津：天津教育出版社，2006.

适合本书的传记材料分析框架。在分析学生安全感寻求主题时，首先，关注总体的学校教育环境，观察哪些因素会唤醒学生的安全需要，然后分析在这种环境中学生的个人理想或目标；其次，按照身体层面因素唤醒个体安全需要的安全感阶段、物质层面因素唤醒个体安全需要的安全感阶段、关系层面因素唤醒个体安全需要的安全感阶段、能力层面因素唤醒个体安全需要的安全感阶段、精神或心灵层面因素唤醒个体安全需要的学生安全感阶段，对教育传记材料进行分类呈现。

在分析学生自我发展传记材料时，笔者分析了自我发展阶段的相关理论，并提出了教育学视野下自我发展的人性跃迁理论，即自我发展分为"前自我中心阶段""自我中心阶段""克服自我中心阶段"和"超越自我中心阶段"四个阶段。但具体到学校教育环境背景，根据教育传记材料的分析，用"自我的被动发展与自我的唤醒""自我的自主建构""自我的包容发展"等阶段来分析学生的自我发展教育传记材料。

2. 分析过程

整体而言，通过教育传记模板搜集到的分析材料，主题和次级主题已经非常清晰，这为系统分析传记材料打下了基础。尽管理论研究为分析学生传记材料提供了理性方向，但所搜集到的材料并非与概念结构或理论结构非常吻合。比如，能力层面的因素是安全感概念的次核心层，但在学校教育环境中学生的能力主要是学习能力和应试能力，这两项能力的表现结果纳入到了物质层面安全感和精神层面安全感的分析结构中。其他如社交能力、运动能力则分别被归结到关系层面安全感、身体层面安全感的分析结构中。

另外，尽管建构了自我发展的人性跃迁理论，但是在分析学生自我发展的阶段性时发现，学生的自我发展主要处于人性跃迁理论中"前自我中心阶段""自我中心阶段"、少数学生处于"克服自我中心阶段"，个别学生处于"超越自我中心阶段"。因此，在分析材料时用"自我的被动发展和唤醒"来表征自我发展的"前自我中心阶段",用"自我的自主建构"来表征自我发展"自我中心阶段",用"自我的包容式发展"来表征"克服自我中心阶段"和"超越自我中心阶段"。

(五)传记材料分析的基本结论

1. 学生安全感寻求的教育传记文本材料分析得出的基本结论

(1)竞争性的教育体制环境下,学生最大的理想是升学,最大的恐惧是社会结构的底层徘徊。在初入学时期,学校的体罚唤醒了部分学生的身体层面的安全需要;步入青春期阶段的男生进入叛逆期,他们与教师或者其他同学的冲突会唤醒了他们身体层面的安全需要;青春期及其之后女生进入对外貌敏感阶段,他们对自己容貌的感知会唤醒身体层面的安全需要。

(2)物质层面因素唤醒学生安全需要,主要是指家庭经济状况较差的学生在入学初期和升学换校之后的初始阶段,易被唤醒他们物质层面的不安全感。在好成绩取向的应试竞争环境中,成绩成为影响所有学生的安全感体验的共同因素。

(3)关系层面因素唤醒学生安全需要,主要是指在教师对学生评价并以此分配奖励等教育资源时,师生关系成为影响学生安全感的重要因素。在寄宿学校后,学生与学生之间的友谊能够为学生提供安全感。

(4)精神或心灵层面因素唤醒学生安全需要,主要是指竞争性教育体制环境下,升学压力影响学生精神层面的安全感;在自由的大学教育阶段,缺乏自控能力的学生会因极度空虚唤醒精神层面的不安全感,拥有自由意志的学生会因与他人的价值观冲突唤醒自身精神层面的不安全感。

2. 关于学生自我发展的教育传记文本材料分析得出的基本结论

(1)学生在竞争性的教育体制背景下,处于适应应试体制阶段,越是寻求适应环境和盲目接受环境所提供的一切,自我的发展和人性跃迁越是处于阻滞状态。相反，当个体在适应竞争性环境遭遇挫折从而对自我和所处环境进行反思时，自我的自主发展意识才被唤醒，学生个体自我才开始主动寻求文明资源和建构各种人际关系以促进自我发展和人性跃迁。学生在主动建构自我发展的过程中，某些行为会与竞争性教育体制产生冲突，与教师和家长产生冲突，学生出现反抗所谓主流文化的行为，会寻求"有所不为"。当然，因为所调查的学生都是竞争性教育体制的胜利者，他们自身并没有彻底逃离这个体制环境。

（2）在学生跨越过竞争性的教育体制环境后，学生自我发展进入相对自由的大学教育阶段。从理论上讲，这种自由环境是学生自我发展的最佳环境，然而事实上其中还缺失一个更重要的条件，即对学生进行文明核心价值的引导。缺乏这一条件，自由促进自我发展的价值就大打折扣。

第四节 研究的重点、难点与创新

一、研究的重点和难点

（一）研究重点

学生个体在学校教育环境中是如何感知环境中各种力量，其维度如何区分？安全感在其中属于哪个维度？由于学校教育环境本身的复杂性，其中的安全感包含哪几种类型？在不同教育环境中，各种因素诸如成功—失败关键事件、竞争关系、学业压力指数、评价方式类型及频率对学生安全感结构、内容及类型产生什么样影响？安全感是否有正向和负向之分或存在价值层次？这种方向性或层次性对于个体又有什么样的结果？学校教育环境中的安全感的寻求对学生个体行为产生什么影响？不同的学生安全感类型是否会影响学生个体自我发展的过程和类型？

　　学生安全感的寻求和自我发展都是需要个体持续一生为之努力的过程，学校教育作为外在形塑或引导力量在二者形成过程中充当了什么样的角色？在不同的阶段，安全感与自我的关系是什么，是否存在如下假设：第一阶段，安全感作为自我发展的核心和主体部分；第二阶段，安全感是自我发展的基础；第三阶段，安全感是自我发展全部；第四阶段，安全感消失，自我融入自然、宇宙（"空"与"无"）。

　　（二）研究难点

　　（1）如何在学生主题传记的散点性描述的基础上绘制成学生关于安全感主题的轨迹图？或能否探索出相关的规律？

　　（2）综合已有的自我研究理论，并在分析自我主题教育传记材料基础上，呈现学生自我发展基本理论。

　　（3）总结出学生安全感的寻求与自我发展的作用机制。

二、研究创新点和局限性

　　（一）研究的创新点

　　首先，根据学生安全感发展的实证调查和相关理论，本书将提出学校教育环境影响学生安全感寻求的机制。

　　其次，构建基于人性跃迁的自我发展理论，提出学校教育环境对学生自我发展的影响原理。

　　再次，将学生安全感的寻求与自我发展过程进行交叉研究，提出二者的相互作用机制。

　　最后，提出学校教育应该导向学生安全感的发展与学生自我发展的一致性，并提出对中国现代学校教育的批判性反思和重建的思路。

（二）研究的局限性

针对任何一个话题的研究，受限于研究时间和经费与研究者自身能力，研究结果都存在某些局限性。本书也不例外。

首先，样本量不足，推断总体的程度有限，甚至不可能形成一般性结论。安全感和自我发展都是基于文化建构而形成的概念，要探寻它们的生物学机制和社会学机制，显然难度较大。但是，两个概念和学校教育环境具有同样属性，即可以面向理想未来而进行理性建构。但这种理论建构和实证结合的研究策略如何更符合研究规范，却需要进一步的讨论。

其次，以传记为主要研究方法存在难以克服的缺点，即被研究者是以现在的成熟水平再组织以往的教育体验，无论多么全面都受限于记忆清晰程度而存在强化或遗漏某些因素的情况。因此，在将教育传记文本转化为研究文本时，对文本进行分析的过程中，某些可能的因素需要加以考虑。比如，教育传记文本写作要求具有连贯性，但真实的人生事件和遭遇对个体影响是非连续的，存在断裂、跃迁等情况。因此，需要关注并深度挖掘重要事件对学生个体自我发展的影响。

第二章

安全感的概念结构与相关
主题文本的分析框架

在本书第一章中，将安全感界定为"安全感是个体对可能出现的对身体（或心理）的危险（或风险）的预感，以及个体在应对处置时的有力无力感，主要表现为确定感和可控制感。"在学校教育环境中，学生所寻求的安全感界定为"在学校教育环境中，学生所感受到的心灵自由、没有恐惧和焦虑的学校教育体验"。

当然，笔者对学生安全感的研究策略，是通过对学校教育环境中唤醒学生个体安全需要（即不安全感）诸多因素的研究，去划分唤醒学生安全需要的所有因素的维度和层次；在此基础上，确定学校教育环境中学生个体安全感主题的教育自传文本的分析框架。

第一节 个体安全感的概念结构

一、个体安全感：概念界定的复杂性

（一）作为一种心理感觉的个体安全感

在《社会心理学词典》中，安全感是指个体在其安全需要得到

满足时，内心产生的一种情绪体验。个体在社会生活中，自然会产生对于前途、安全、自身地位等获得保障的需要，而安全感是这种需要得到满足时，个体所作的反馈形式。安全感只是一种主观情绪体验，带有极大的主观性和变异性，而且对于同一客体的感受程度也因人而异、因时而异。① 在《在管理心理学词典》中，安全感是指个体在安全需要得到满足时产生的心理感受；它是一种复合的情感体验，综合了满意、愉快和信任等情感。② 还有研究者认为，"安全感是个体对可能出现的对身体（或心理）的危险（或风险）的预感，以及个体在应对处置时的有力无力感，主要表现为确定感和可控制感。"③

（二）作为一种目标的个体安全感

个体安全感作为一种心理感觉，在个体的身体、心理和精神层面都有不同的表现。在没有危险或威胁的情况下，个体的安全需求处于休眠状态；当个体适应新环境时，个体首先会积极寻求身体层面的安全感；当个体适应新环境后，个体心理和精神层面的安全感可能作为新的目标，或作为情境筛选机制对自我能感受到的诸因素进行重建。

（三）作为自我发展动力的个体安全感

个体自我发展的动力是什么？在不同阶段，个体自我的发展的动力机制存在显著差异。个体安全感的寻求是个体在适应新环境时自我发展最基本的动力机制。在自我形成的起步阶段，自我形成没有指向性，个体寻求安全感既作为动力机制又作为筛选机制，促进自我发展。在自我主动发展阶段，个体安全感基本处于稳定阶段，

---

① 时蓉华. 社会心理学词典［Z］. 成都：四川人民出版社，1988.
② 宋书文. 管理心理学词典［Z］. 兰州：甘肃人民出版社，1989.
③ 丛中，安莉娟. 安全感研究述评［J］. 中国行为治疗科学，2003（12）：698 - 699.

个体的自我一致性能够为个体带来安全感。在自我主动发展阶段，个体所感知的安全感处于自我发展的基础地位。它不再是自我发展的核心动力机制和筛选机制。因为，在此阶段个体不会随意触发能够唤醒个体安全需要的因素。曾经使个体感到安全的因素，有时会抑制自我的进一步发展。当出现危及自我一致性的因素时，自我在经过分析之后，会适时启动安全操作策略，进行选择性忽视。

（四）作为信仰追求的个体心理和精神层面的安全感

人是具有局限性的高等生物，诸如生命的有限性、身体的局限性、个体能力的不足等都能激发出个体的超越性需求。个体安全感逐渐由自我发展的基础走向核心。此阶段，个体超越性需求或对人生意义的寻求成为个体安全感寻求的核心。此阶段的个体安全感与卡尔·罗杰斯所言的"自我感"较为一致。

基于以上分析，个体安全感的结构会随着个体生活环境的变化而变化；个体安全感在自我发展的不同阶段，所处的地位也不同。同时，对安全感的反向研究是对个体安全需要的唤醒情境的研究，诸如研究唤醒个体安全需要的身体和心理的创伤、恐惧、焦虑和无奈等；而对个体自信心、确定感、控制感、幸福感属于对安全感的正面研究。

二、理想的自我成熟状态下个体安全感的变迁

什么是自我的成熟？克瑞斯·阿吉里斯（Chris Argyris）认为，自我在走向成熟的过程，始终在维持自我的内在平衡及个体与环境互动过程中的外在平衡①。在维持内外平衡过程中，个体通过自我顺应和内化机制，逐步走向成熟。所谓个体成熟意味着个体人格组

----

① ［美］克瑞斯·阿吉里斯. 个性与组织［M］. 郭旭力，译. 北京：中国人民大学出版社，2007.

成部分的扩充和自我世界的扩大。哈里·沙利文认为，自我的真正成熟则是获得成熟的爱的能力。① 个体心理学家阿尔弗雷德·阿德勒（Alfred Adler）认为，自我的成熟是自我对社会关注逐步增强的过程，从"小我"逐步走向"大我"的过程。社会关注发展完善的人，追求的不是个人的优越，而是理想社会中所有人的完美。社会关注可以界定为与博爱有关的态度以及人类种族每个成员互通的情感。②

　　基于以上研究，个体理想的自我成熟状态是以自我为核心，不断地扩充自我、纳入世界。在自我不断地扩充的过程中，个体安全感本身也在缓慢变化。自我发展的最终指向是自由或自觉之后的自由。西方文化背景下，自我的发展最终指向是自由，一种生命不息奔流不止状态。东方文化背景下，自我的最终指向是自觉，或者是自觉之后的自由，即知天命后的自由，明晰自我局限后的自由。

　　在本书中，着重归纳一般性的环境中哪些因素将唤醒个体安全需要即不安全感，因为正是不安全感产生了安全需要。同时不安全感也是存在层级的，诸如身体层面的不安全感、关系层面的不安全感、能力层面的不安全感、价值和意义层面的不安全感，即不安全感不是一种稳定的情绪、情感体验，而是一种流动变迁的复合的情绪、情感体验。当唤醒不安全感的某一因素满足个体安全需要之后，不安全感就会转移到其他层面。基于以上论述，研究安全感主要通过研究不安全感（或安全需要）进行间接研究；不安全感的变迁和转换过程展现的是安全感的复杂性。当然，通过研究个体的成就感、自信心、幸福感等方式研究安全感也非直接研究安全感自身，也是通过间接的方式来推测安全感。

　　个体安全感，在自我一生的发展中处于不断地变化中，从具体

---

　　① ［美］杰斯·费斯特，格雷戈里·J. 费斯特. 人格理论［M］. 李茹，等，译. 北京：人民卫生出版社，2005：187 - 193.

　　② ［美］杰斯·费斯特，格雷戈里·J. 费斯特. 人格理论［M］. 李茹，等，译. 北京：人民卫生出版社，2005：62 - 65.

内容变化到地位变迁。如果个体安全感是一种心理力量，那么自我的自由疆域是以自我为核心，以个体安全感为半径的圆。自我的自由疆域是个体安全感规定的，其作用范围就是自我的自由疆域。自我的自由疆域并不是自我的核心，而只是其表现。自我发展的核心是个体建立起推动自我不断地扩充自己、纳入世界的机制。而在自我刚刚起步远未成熟的时候，个体的安全需要早已出现并位于自我发展的核心。而当自我成熟后，个体的安全需要更加注重对生命意义和价值的追求。个体安全感的最终指向是无畏，但它实质的是一种依赖关系，这种依赖关系提供自我发展的支撑力。从个体从小依赖父母，到独立承担社会角色依赖社会合作机制，走向相对独立，但最终无法超越人类死亡这一最大的局限性。自我一步步向前，逐步超越个体的局限性，但最终却止步于死亡。个体面对死亡，需要依靠信仰层面的安全感。个体通过信仰层面的安全感获得，融入无限和永恒之中。因此，个体安全感每向前走一步，就像上了一个台阶（见图 2 - 1）。

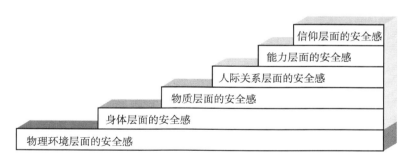

图 2 - 1　一般状况下，个体安全感的感知阶梯

资料来源：笔者整理。

关于图 2 - 1 一般状况下，个体安全感的感知阶梯的解释。

第一，图 2 - 1 中"信仰层面的安全感"中的信仰，指的是能够给个体带来终极关怀的某些信念，而非严格意义上的宗教信仰。

当然严格意义上的宗教信仰也是其外延之一。鉴于文化背景和个人信仰程度的差异，信仰成熟并为个体提供安全感的时间也因人而异①。即在缺乏严格意义上的终极关怀的文化背景下，提供终极意义关怀的信仰成熟，一般发生在个体生命的晚期。第二，由于自我保存是需要个体持续关注的因素，与自我保存直接关联的安全感因素包括物理环境层面的安全感因素、身体层面的安全感因素和物质层面安全感因素。第三，关系层面的安全感与能力层面的安全感哪一个更为基础的问题，仍需要在具体情境中加以讨论。此处"能力层面的安全感"主要指个体自主发展能力层面的安全感，基于此个体自主能力层面的安全感的满足要晚于个体人际关系层面的安全感的满足。

但是，并非任何个体都能获得以上所论述的各层次的安全感。面对所缺失的安全感，要么继续寻求，要么接受缺失，或用其他类型或层次的安全感替代。个体安全感的发展，是一个持续累积的过程，即拥有一种安全感的后，将其作为安全感基石，寻求下一阶段的安全感。个体能够意识到某一种安全感类型的缺失，但获得该类型的安全感后，即将之纳入潜意识，除非某种危机情境才能唤醒它。

---

① 逻辑意义上，人类个体发展存在"由知入明，因明而慧""由明而知，知即为慧"和"由知而明，由明而知，知即为慧"三种类型。知即知识；明即人性积极光明力量的唤醒；慧即人类个体和群体意义的文明机制或效应。第一种发展类型：由求取知识而逐步唤醒自我人性中积极光明的力量，之后个体就会进入借鉴或创造人类文明阶段；第二种发展类型：强调在个体求取知识之前或之中，唤醒个体人性中积极光明力量，一旦唤醒这一力量，个体发展便进入个体（群体）主体创造文明智慧阶段；第三种发展类型：不断地求取知识，获得大量的知识后，人性中积极光明的力量开始觉醒，在人性中积极光明力量的推动下，进入个体（群体）主体创造文明智慧阶段。当一种文明力量唤醒个体人性中积极光明层面并能够为个体提供终极关怀时，可以认为，个体进入了"明"的阶段。在本书中，这种"明"的阶段即个体信仰安全感成熟期。

三、处在理想状态下的个体的安全感结构

处在理想状态下的个体的安全感的概念结构，用理想类型的方法可以分为三种情况。第一种情况，当个体安全需要没有被唤醒的状态下，信仰层面的安全感因素始终处于活跃状态，而个体安全感的其他感知因素处于混合或混沌状态；第二种情况，当个体安全需要被唤醒情况下，个体在拥有信仰（或信念）安全感，以信仰安全作为核心，信仰为个体安全感其他因素（关系层面因素、能力层面因素和自我保存层面安全感因素）提供力量，个体拥有对环境的控制感和确定感；第三种情况，图2-1所揭示的各个层面的安全感感知因素由下至上转换成同心圆模型，同心圆内核为信仰层因素。关于第三种状况，相关解释如下：其一，同心圆模型中物理环境层面的安全感、身体层面的安全感、物质层面的安全感，三方面的因素可以统一称为自我保存层面的安全感。个体没有感觉到外界环境所引发的焦虑或恐惧、威胁等，他愉快地和外界进行开放、友好的互动。其二，在人际关系层面，个体明晰其社会角色和社会责任，并且在进行社会行动时，个体能明确感觉到他所拥有的社会关系对他的支持力。其三，能力层面的安全感属于个体安全感的次核心层面。个体在特定的环境中，必须具有适应该环境的能力，否则无法在该环境中立足。这种能力的核心是自立能力，其为个体基本自由和尊严提供了基础和保证。其四，精神信仰层面的安全感属于个体安全感的核心层。个体将自我融入无限和永恒（不是放弃自我），自我安全感的精神信仰层面是一个和谐、圆融的状态，或者一元或者多元。

以上所展示的是处在理想状态中个体的安全感结构，倘若个体达到这种理想状态，那么他的人格自我发展的动力是什么？即该个体已经拥有相对高一层次的个体安全感，那么接下来应该追求什么？比如，当个体一旦拥有精神追求层面的个体安全感，确立了个

体的使命，精神层面的安全感和信仰就会为个体履行使命提供用之不竭的精神能量。

在安全感结构中，不论在同心圆的内核还是外壳，内外的向度各要素都处于流动的状态，而且在每一个层面内部要素也是动态流动的。正是这种流动性，显示出个体安全感必须是由个体主动建构和寻求的。不同个体在寻求安全感的过程中，所能达到的层级和状态是如何发展变化的？就层次而言，最外边缘层是物理环境层，个体追求的是表面可见的物理环境层面的安全感，即可见、可感的安全感。任何人都必须关注这一层面。若个体或群体仅停留在这一层面，则个体无法获得在深一层的发展要素，从而无法建构更加稳固的个体安全感。社会层面的个体安全感，指的是个体所拥有的重要他人或重要关系。任何个体都是社会中的个体，社会依赖是常态，没有人不需要他人。重要他人对个体建构此层面的安全感非常重要。能力层面，能力是个体自由独立的前提，能力是独立型安全感的保障。精神的信仰层面：个体寻求自我安全感，若仅寻求外在物质层面或社会层面建构个体安全感，会发现个体永远处于不满足的状态，真正的个体安全感来自内在创造，而这种内在创造却源于一种信念或信仰。但即使达到此层面的个体，自我仍需要保持一定的开放性。

个体安全感的寻求一直是一个主动的过程，而自我的发展则是需要外在的规训和唤醒。一般而言，个体对安全感的寻求动机远远强于对自我的寻求，随着时间的推移和个体能力的增长，个体对安全感需求的层次发生变化，同时也更加重视对自我的寻求。

从自我保存层面、社会人际关系和精神信仰层面来看，个体安全感的寻求和自我发展初期的自我发展任务具有一致性：首先，构建原料相同；其次，由于个体远未独立，二者面对新环境都是适应取向。自我的发展处于被动阶段，而自我安全感处于主动寻求状态，只是远未达到主动创造阶段，需要从外界所提供的原料中构造个体的安全感。

个体安全感的寻求和自我发展初期的任务具有不一致的地方，即终极指向性不一致。安全感的寻求在个体获得独立能力后处于缓慢变化阶段，这时个体适应环境的目标完成，个体对安全感的寻求走向信仰层面；自我在个体获得独立能力后，自我发展进入主动创造阶段，目标指向自由。人生后期，个体面临死亡威胁，部分个体的自我安全感走向信仰，融入无限和永恒。

第二节　学校教育环境中学生安全感主题教育传记文本的分析框架

在学校教育环境中，处于适应教育环境阶段的学生个体，自我发展处于被动发展状态，个体安全感的寻求处在主动探索阶段。在竞争性教育体制背景下，学生个体的自我发展和安全感均处在应试压力之下，二者的发展都具有局限性。在适应性阶段，学生个体的自我发展受到压制，创造力处于未开发状态。在安全感的维度下，学生虽是主动寻求个体安全感，但却无意识地吸收外在环境提供的安全感材料。个体有意识地追求竞争优势，忽视了身体性、社会性和精神性的和谐发展。

一、学生个体安全感的结构

在应试教育环境中，在学生个体安全感维度，个体不用考虑或不用过多考虑物质层面或社会关系层面安全感，只需关注应试能力即可。尽管这种安全感是片面的，但却是重要的维度（见图2-2）。

图2-2中，X轴、Y轴、Z轴分别代表构成个体安全感的身体性因素（身体状况和学校相关制度对身体的规训）、精神性因素（知识、能力、信仰等因素）和社会性因素（人际关系状况）。OA、OB、OC其长度分别代表相应因素的多少，但OA、OB的长度是有限的。

四面体 OABC 体积代表某一时刻学生个体安全感的实际构成。这是一种理想化表达。显然，该区域表示个体安全感的最大范围。在学生发展不同阶段，OA、OB、OC 的长度是变化的，因此，学生所感知的安全感的范围也在变化。

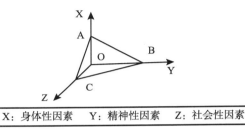

| X：身体性因素 | Y：精神性因素 | Z：社会性因素 |

图 2 - 2　学校教育环境中，学生安全感感知维度

资料来源：笔者整理。

二、学生安全感自传文本的分析框架

个体寻求安全感本质上是在寻求一种依赖关系，是一种通过拥有和占有所依赖对象而获得满足感的过程。即在安全需要（不安全感）被唤醒的前提下，个体寻求物质、关系或精神层面相关因素满足安全需要，但个体都有自身局限性，执迷于对具体有形物质的占有，对无形的或更加深刻的相关因素却缺乏关注，诸如关系、素养、能力等。特别是在学校教育环境中，学生所能获得的物质性资源总是有限的，过度专注物质性资源的占有，只能激发学生之间的过度竞争；而非物质性资源（诸如关系、知识甚至能力提高）则是无限的，学生个体对非物质资源的拥有并不影响他人同时拥有。在学校教育环境中，物质奖励和各种虚拟的物质奖励总是作为刺激竞争的方式引发学生抢夺。这种刺激方式不仅唤醒学生的不安全感，引起学生之间的相互嫉妒，更严重的是它使学生不再关注学习本身所带来的乐趣而转向关注学习的外在结果。这就造成学生学得的知识没有与学生自身的生命成长真正融为一体。

根据哈里·沙利文的研究可以得出：在自我成熟之前，个体寻求拥有的假想中的朋友、同伴亲密关系等是为了获得安全感，自我的真正成熟则是成熟的爱的能力的获得。然而，在学生个体的学校教育生涯中，知识的获得、道德的增进与人格的陶冶，都为个体获得安全感适应学校生活提供了基础。个体在寻求安全感的过程中，随着自我对成人角色的期待和实践，个体的责任、使命和信仰逐步确定，个体内在独立的力量逐步增强。这些都是个体自我发展过程中的标志性事件。

因此，在本书中主要以通常的教育阶段（即应试取向的基础教育阶段和相对自由的大学教育阶段）作为学校教育背景中学生个体安全感变迁的主要阶段，以身体层面、关系层面、物质层面、精神或信仰层面的某些唤醒个体安全需要的因素来展示学生在不同阶段的安全感结构，并以此作为安全感主题传记文本的分析框架。

第三章

现实之学校教育经历：
学生安全感的寻求

人类个体寻找安全感既是本能驱使，也是理性使然。

现代性裹挟着"理性"和"技术"，朝向"永恒进步"的现代社会行进。然而，基于计算的"理性"缺乏远见，没有情意的技术缺乏人性。现代社会的永恒进步的理想只是幻想。20世纪爆发的两次世界大战，宣告了人类现代社会永恒进步理想的破产。西方学者开始提出"后现代性"的这一概念，以对"现代性"进行反思。英国社会学家齐格蒙·鲍曼（Zygmunt Bauman）在《现代性与大屠杀》①（*Modernity and Holocaust*）中指出，由于现代性的发展，特别是以科层制为基础的强制性权威的出现、团体敌对的民族主义的出现、人际距离疏远引起的道德冷漠社会的出现等因素，导致大屠杀作为一种社会现象连续出现。于尔根·哈贝马斯（Jürgen Habermas）也提出了"现代性未完成，用交往理性代替工具理性"的启蒙方案，以图拯救现代性。

文明分为形而上体系、意义和价值体系、技术体系、商品体系共四个层面。现代性主导下现代文明，在其传播和发展过程中，技术层面（科层制统治现代社会各个层面）、商品层面得以强势传播。

---

① ［英］齐格蒙·鲍曼，现代性与大屠杀［J］. 杨渝东，译. 南京：译林出版社，2002.

中国现代化的展开就是在受到欧洲强国军事技术和商品倾销的压力之下展开的。这种被动的现代化充满完美想象和功利主义。在推进过程中，被动的现代化具有以下特征：传统的祛魅与对未来的进步想象、体制的强势与个体的屈从、个体的膨胀与解放陷阱、物质的丰富与个体精神的肤浅化。

此背景下展开的中国现代教育同样具有被动性和艰难性。教育事业被外在目标诸如"救亡图存"所裹挟，学校教育体系被现代科层管理体制所裹挟，教育实践具有典型的工具属性。现代教育中的个体被外在功利所裹挟，个体成为社会的工具，甚至个体成为自己的工具。伊曼努尔·康德（Immanuel Kant）最伟大的思想"人在任何时候都不能作为工具，人是目的"在中国现代教育进行过程中却表现为："人是工具成为常态"，不仅个体作为他人的工具、同时个体也作为自己的工具，而"人是目的"宣言仍处于理想阶段。

本章以中国现代学校教育为背景，通过学生个体的学校教育经历来揭示学生通过寻找哪些物质因素和关系因素来满足自身在学校教育环境中对安全感的需求。

第一节　底端生存："规训与惩罚"之学校教育环境

伊曼努尔·康德认为，教育实践的根本问题是"如何通过强制来培养自由"。在接受学校教育过程中，学生体验到的却是越来越多的强制。这种外在强制的目的不是指向学生个体的自由，而是指向学生个体将来拥有所谓更好的生活。即为了将来的自由或拥有更好的生活，学校教育是否能通过牺牲当下的自由、幸福，选择自我折磨式的刻苦、勤奋甚至牺牲身心健康去达到其目标？

"感觉初中的学习生活真的如同监狱，每天都不让出校门，只能待在学校，在这样的压力下真的需要很强的承受力，在这样的规章制度下虽然每年学校考上重点高中的人越来越多，但我个人是不赞成这样的教学方式和管理制度。因为在此过程中让许多同学原本的性格发生了很大变化，而且也让很多同学失去了其他的学习和发展机会。初中原本就是我们张狂、性格培养最好的时刻，可是这样的规章制度扼杀了好多人的个性，几乎让所有人都生活在相同环境里，那么每个人又有什么区别。"①

"全景式监狱"所隐喻的是现代社会通过精密管理技术和纪律来规训个体，使个体服从组织或体制。本书在此借用这一隐喻来描述现代学校学生管理制度，并通过"学生眼中的不好的教育管理制度"，来揭示学校的某些制度所形成的教育框架和环境是如何形塑学生安全感的。

一、学生视角下的"负面的学校教育管理制度"

在对学生进行"你认为，学校存在哪些不好的教育制度"的调查中，学生回答的有关学校管理的"负面制度"有如下事例表现。

班级里的"无名本"②

在读初中二年级时候，我们换了女班主任老师。她是一个具有很强功利主义色彩的人，将一个班的学生根据分数分成三六九等。学习上游的学生享有很多特权。例如晚自习时，为了保证班里有好的、安静的自习气氛，我们的班主任老师设计了一个制度，即创建班级"无名本"制度。这个无名本只有上游学生（当时是班主任指定的几个学生，大概15个左右，我在其中）有使用的权利。他

---

① 资料来源：节选自中国西部地区某重点师范大学生南莲芳（化名）提供的教育传记文本材料。

② 资料来源：节选自中国中部地区某大学生周萍（化名）提供的教育传记文本材料。

们可以匿名在这个本子上写下自己上自习的感受，以及汇报班里哪个角落的哪个学生说话影响纪律了。班主任会根据这个无名本上的汇报来整顿班里的纪律。

"无名本"作为班主任管理班级的一种技术，通过学生的告密来显现班主任在班级内权威的至高无上。"监视""告密"等词汇验证了"全景式监狱"的学校教育过程，可能存在以偏概全的嫌疑，但是类似于"无名本"这类班级管理技术，并不是只在极个别学校存在。该教育自传主人公十年前就读的初中属于其家乡县城一所初中，可以推断那个年代县级及以下的大多数初中学校都存在类似班级管理制度。即相当一部分学生在一种"监视和告密"背景下接受和完成学校教育。然而，当学生长大成人，他们若是将这一制度运用在自己工作和生活中，那么可想而知，这项制度对他人带来的同样是伤害。即使当时这项制度的受益者即享受特权者，也不会感激这项制度，更不会感激采取类似管理方式的老师。

这种班级内的等级，本身对许多学生感情的伤害是可想而知的。虽然我是班主任所制定的上游组中的一员，但现在自省起来，并不对这种做法感到感激涕零，反倒是认为，这种做法本身不是教育，也不应该是出自教师的行为。这是泯灭了爱和正义的功利至上的非教育行为。我不对此怀有感激之情的另外一个原因是，虽然作为上游组的学生，且享有诸多特权，但我也没有感受到她的爱，而是觉得自己成了别人的工具，班主任指定谁或不指定谁，并不是因为学生自身的品质和努力，而是完全以分数来划分等级。也就是说，这种做法对于非上游组的学生是缺乏爱的，即使是对于上游组的学生，也并非是出于爱和责任。没有爱和责任的一段师生关系，学生毕业之时，也就是这段师生关系的结束之日，不会存有任何留恋与感激。①

除了监视之外，疏离学生关系和师生关系的学校管理制度的还

---

① 资料来源：节选自中国中部地区某大学生周萍（化名）提供的教育传记文本材料。

有座位编排方式①。座位属于公共资源的一种，究竟该如何分配公共资源？可以看一下，学校的教师是如何教学生分配座位这种公共资源的？

成绩与座位编排②

记得高中的学校排座位的方法，普遍按照成绩好坏进行排座位：班级按照成绩高低进行排名，按照排名先后，依次让学生进行座位选择。

这种座位编排方式无疑会导致学生内部分裂成三六九等，损害学生自身权利，造成"成绩好者通吃，成绩差者没有任何权利"的"马太效应"。而判断一个社会文明程度特别教育水准高低的标准就是其对待"弱者"方式。有学者批判现代学校教育培养的学生是"精致的利己主义者"，但当检视学生接受教育的学校环境和社会环境时，无疑教师和父母等无所不用其极的功利主义取向的教育方式应该对此负责。父母或教师缺乏公平公正分配学校或家庭公共资源的现代意识，对公共资源随意处置，甚至罔顾法律和道德进行侵占，必然造成我们的后代直接模仿这种行为，甚至以此为荣。现代社会中每一个个体都应反思自己是否会做同样的事。

在学校教育中，异性学生之间的交往也是比较敏感问题，属于"严打"和"监视"对象。学校和班级也会设置各种障碍避免男女生过多交往。

不许恋爱

我最讨厌的是学校不许早恋的制度。在老师看来，早恋是不好

---

① 笔者就班级如何排座位的问题和10岁的侄女聊过，她说在三年级的时候班级排座位的方法就已经是按照名次先后进行排座位了。听到她的回答，直觉告诉我"我们国家乡村教育在座位安排方面的文明程度一直没有进步"。

② 资料来源：节选自中国中部地区某重点大学生张峰（化名）提供的教育传记文本材料。

的，影响学习，而且也会给其他同学造成不良影响。在我看来，早恋这种事情，宜疏不宜堵，老师应该及时给予正确的引导，而不是一味地阻止。学生都会有逆反心理，老师越是不许做的事情，学生就越想做。老师其实真的不必过分紧张，不要以为男女同学多说了几句话就是早恋。①

除了刚才提及的按成绩排座位以外，还有一种方法是男女隔开，竖着从教室中间区分楚河汉界，左右分别是男生女生。异性学生交往是学生个体成长的重要来源。应试教育就是仅仅关注成绩，而忽视教育原则。②

毫无疑问，男女生交往是学生成长的重要资源。当学校为避免学生早恋而阻止男女生正常交往时，学生自我发展的资源及其未来可能性被遮蔽，甚至影响以后的在家庭和社会中的异性交往。

目前，在县级及以下学校中，封闭式的学校管理方式仍然比较风行。这种管理方式对学生的"监视"和"强制"，可以来看一下学生对此的感受。

封闭式的学校管理③

高三每两周回家一次。我最不喜欢在学校的那一周，那一周周末只允许周日下午在校内活动，而不让我们出校门到校外透口气，甚至还禁止我们叫外卖！高三的时候本来就很苦了，天天埋头刷题写试卷，连出个校门逛个街，叫个外卖吃顿好吃的都不允许。饭堂的质量没跟上，还不允许我们叫外卖，把高三变得更苦更累，我觉得极其不合理。④

---

① 资料来源：节选自中国中部地区某大学生乔万济（化名）提供的教育传记文本材料。

② 资料来源：节选自中国中部地区某重点大学生张峰（化名）提供的教育传记文本材料。

③ 资料来源：节选自中国中部地区某大学生周萍（化名）提供的教育传记文本材料。

④ 资料来源：节选自中国东部地区某大学生尚芳（化名）提供的教育传记文本材料。

对高中时的学校制度，比较反感的是封闭式管理，而且学生早上起床时间固定在早上5：30，早起还跑操。像我这种休息不好，身体又比较瘦弱的学生，这简直是折磨。[①]

学生在封闭式管理的学校教育环境中，感觉被监视、没有自由、缺乏安全感等，可谓叫苦不迭、苦不堪言！尽管存在这些不足，但法律为什么不禁止这种学校管理方式？其背后的存在价值是什么？由于教育资源等公共资源的不公平配置，一些地区的学生只能忍受各种极端管理制度获得成绩提升，从而实现自身甚至家庭的阶层跃迁。

然而，当学生跨越高考进入大学后呢？这种强制和监视色彩的管理制度是否还存在？以下是周婷（化名）同学进入东部某师范大学后的经历描述：

升旗仪式[②]

不知道是我的原因，还是学校的原因，我渐渐发现这个学校的制度令我不能接受，并且本能地排斥它。我想可能是后者的因素占的更大些。首先是每个礼拜的"升旗仪式"。我从未想过到大学里还有升旗仪式这一说，每周一6：00起床，站在大操场上，听主席台上的小人，念着年复一年的刻板文件。其中的那套固定格式我都可以倒背如流了。紧接着就是每周四的7：00，在操场组织学生进行广播操，形式和初高中一模一样，这真的是大学吗？更搞笑的还在后面，每个学生不但有固定的作息时间，还要有固定的衣服（校服，就是初高中运动装的翻版，白的上衣，黑色的裤子，这种简约的设计一度是初高中校服的首选），每个学生都像初高中的孩子，走在一起都分辨不清这是大学校园还是

---

① 资料来源：节选自中国中部地区某重点大学生张峰（化名）提供的教育传记文本材料。

② 资料来源：节选自中国东部地区某师范大学生周婷（化名）提供的教育传记文本材料。

初高中校园了。记得一个专业课老师告诉过我，这所大学最大的问题就是"形式主义"，学生走出去普遍没有一个大学生应有的样子，木讷、迟钝，这些虽然和个人的气质息息相关，但又怎么能与大学的制度管理脱去联系？

规训与惩罚是否是教育活动的必要手段？"升旗仪式"无疑是意识形态规训的一种方式，不同阶段的学生对意识形态规训有着不同的反应方式。大学生对自由的渴望及其表达是直接的，其中反感、拒绝甚至直接对抗是最常见的行为。

下面"自习和德育评分相关联的制度"的案例，在某种程度上，仍将大学生作为被管理的对象，这种必须服从的意识训练是渗透进道德教育的方方面面。

自习与德育评分关联①

再者就是每个礼拜固定的早晚自习，学校的初衷也许是营造"良好的"学习氛围，殊不知这些时间正是因此而被大把浪费的，所谓的"自习"无非就是学生聚集在一起聊天，弄得想安静看书的人都无处可去，因为不参加这些自习，紧接着而来的就是"德育"扣分，综合素质扣分等。其实我一直很好奇，学校为什么有那么多心思放在"对付"学生上面，他们不从学生的实际需求出发，一味做着那些他们觉得"正确"的事情，殊不知让学生很反感。

道德教育的目的是唤醒学生的公共意识和公共精神，以使学生主动为社会发展做出贡献，而非被动接受外来的强制管理和规训。显然，规训和惩罚式的教育方式对大学生已不再适宜。

学生对《疯狂的"检查卫生"》德育管理模式的法律依据的思考，就说明学生法律意识已经被唤醒。

---

① 资料来源：节选自中国东部地区某师范大学生周婷（化名）提供的教育传记文本材料。

疯狂的"检查卫生"①

还有一件"有序"的事情就是宿舍的检查卫生了，……学校的宿舍检查真像抗战（片）中的"鬼子进村"，听到钥匙的声音，就意味着检查宿舍的人来了。他们不管房间里的人在做什么事，直接拿着钥匙开门。即使你还在床上、还在穿衣服，或是上厕所等做一切私密的事情，他们都不管，直接理直气壮地冲进来，……

检查宿舍的人会在不经过允许的情况下随意翻柜子，丝毫不考虑学生的隐私。从法律意义上来说，如果屋内有人，不经得屋内人的同意，屋外人根本无权力进入屋内，更别提随意翻柜子检查违禁物品这些"猖狂"举动了。对于宿舍内发生的这种种惊心动魄的事情，我除了无奈别无他法。

以上提到的学校管理中的诸种"负面制度"，对学生产生什么影响？所有这一切都造成了我对大学的"厌恶"，说到现在大三了，也接近毕业了，可是说实在的，我对自己的学校丝毫没有感情。其实更直接的隔阂是校风，学校的整体氛围是一种"扭曲"的状态。如果你是一个要学习、求上进的人，你在这里会很孤独；相反，如果你无所事事、不求上进，就会在班级里"赢得"很好的人缘……我对这所大学最初的憧憬就这样一点点被磨灭掉，直到最后化为空气，一点不剩了。

然而，另外一些制度对学生的影响，就不是简单地引起学生对学校反感那么简单了。

被关小"黑屋"②

再后来，妈妈送我们上学的时候忍不住回过头看看我俩，没想

---

① 资料来源：节选自中国东部地区某师范大学生周婷（化名）提供的教育传记文本材料。
② 资料来源：节选自中国中部地区某高校学生薛衫（化名）提供的教育传记文本材料。

到我被关到黑屋了……不过妈妈发现我们被关以后就立刻换了学校。这下他们应该知道爸爸送我们去上学为什么我总是中途逃走了，弟弟为什么一上学就不舒服了。

被关禁闭的经历会唤醒学生的恐惧体验。这种体验会导致学生厌学、辍学等行为发生。该教育自传中的学生薛衫（化名）就曾陆续退学、转学，已对学校教育不抱希望。

在就读乡村学校的某些学生的初中阶段，教师殴打学生事件也比较常见。这种事件不仅会唤醒学生个体寻求安全感，甚至教师与学生之间会产生法律纠纷。

教师殴打学生[①]

初中时候，大部分学生处于叛逆期，有些男生会经常顶撞老师。有的男老师会直接对顶撞他们的学生进行扇耳光。当然，我没有经历这种事。但我的两个同学都经历这种事情，一个同学周建伟（化名）因为顶撞教导主任被教导主任叫到办公室扇了几个耳光，另一个同学赵冲（化名）因为顶撞校长，被校长打了一顿。后来，赵冲（化名）的父亲不服气，来到学校和校长进行理论，结果两人大打出手，赵冲（化名）家长被抓进乡派出所。

当前，相关法律是明确禁止学校对学生进行体罚。青春叛逆期的孩子，靠体罚是压制不住的。压制只能造成更大的反弹，这种反弹有时不仅是针对压制他们的人，而更多的是针对比他们更弱的学生。另外，殴打学生的老师永远不可能是好老师。这种教育方式伤害的不仅是被打的学生的心灵和肉体，甚至它还颠覆了所有学生对教师职业的认知和想象。

综上，学生所感受到的学生管理制度，关系到学生个体对学校的认知、对教师的认知以及对教育本质的认知。鲁思·本尼迪克特

---

① 资料来源：节选自中国中部地区某重点大学生张峰（化名）提供的教育传记文本材料。

（Ruth Benedict）为了研究日本的国民性而写就的《菊与刀》（*The Chrysanthemum and the Sword*）中，有这样一段论述，大意如下：一个民族的幼儿教养方式是形成一个民族国民性的关键因素；因为文化或国民性传承就像一个链条，幼儿养育方式是这个链条的起点也是关键点；这一环节最容易被忽视，同时也最不易改变；如果这一环缺失的话，文化传承体系就会面临困难甚至是整个文化传承体系的崩溃。①

同样，孩子从家庭进入学校，是一个孩子走出家庭正式开始社会化进程的起点。如果学生在这个过程体验到的是持续性的压制文化，当学生个体成熟后进入社会承担社会责任或组建家庭，他传播的仍然是这种压制自己或压制别人的文化。这种压制文化及其行为模式就会成为民族的文化基因，代代相传。即使这种文化模式或管理方式是有效的，但却缺乏持续性的文明核心价值的引导。长此以往，再也不会有人去思考或寻找更好的教育和教养方式，而是沉浸在这种文化之中，每一个人都将丧失对美好和良善的敏感性。

二、最大理想与最大恐惧：升学与底层徘徊的阶层复制

阶层流动和阶层复制是社会学研究的核心主题。一般认为，学校教育具有促进社会阶层流动的功能。但学校教育是否具有这种功能？学校教育即使具有这种功能，在多大程度上能帮助一般百姓子女打破阶层复制？现在的学校教育的已经远远不是只靠学生个人努力就可以完成自我及其家庭的阶层跃迁。

阶层跃迁的背后是不同阶层的家庭运用文化资本、经济资本、社会资本等在孩子接受学校教育过程中综合实力的比拼，甚至可能涉及不同区域的家庭在文化领域、经济领域、政治领域的博弈。

---

① ［美］鲁思·本尼迪克特．菊与刀：日本书化的类型［M］．吕万和，等，译．北京：商务印书馆，1990：176-200.

　　特别是当某一区域的社会发展极其不平衡时，处于社会结构底层的家庭的子女只能通过学校教育完成阶层跃迁，那么学校教育对处于社会结构底层的家庭的重要性就不言而喻，甚至成为他们实现阶层跃迁的唯一途径。这种状况一般发生在农村学生身上概率较大，特别是在优质高等资源匮乏的地区。比如频频见诸报端的安徽的毛坦厂中学和河北的衡水中学，就是由于承担并实现了社会结构底层家庭阶层跃迁的功能而声名鹊起。当然，其他同类省份"超级中学"现象也应该存在。当重点大学的招生名额非常有限的时候，考生之间的竞争就不再是简单的应届生之间竞争，而是每个学生既与应届生又与往届生的竞争。这种竞争模式极易复制和延续，尽管不符合教育原则，但选择这条竞争路线的所有主体，诸如学生个体、家庭、学校、地区的教育行政部门，虽不很情愿，但出于无奈，都不得不选择这条道路。显然，这种状况下，学生个体的生存和发展焦虑是由社会宏观环境造成的。可以看一下此类学生关于人生理想的描述。

最大的理想是考上大学

　　笔者在与一名大学生朱万茜（化名）聊天时，当问及她小时候最大的理想时，她毫不犹豫地说："最大的理想是考上大学"。①

　　还有很多大学生有相似回答。如"当然，无论是我的父母，还是我自己，选择让我从小按部就班地接受这种教育的初衷都是好的。我是来自农村的孩子，对于我来说，也许就只有读书这条路是我唯一的也是最好的出路，尽管我不知道两年之后我大学毕业了会是怎样的。"②

　　说到最大的理想，我也可能会说长大后要做科学家之类的高大

---

　　① 　资料来源：节选自笔者与中国东部地区某师范大学生朱万茜（化名）的 QQ 访谈材料。

　　② 　资料来源：节选自中国西部地区某重点师范大学生韩艳芳（化名）提供的教育传记文本材料。

上的理想，但直接想到的是父亲在我成长的日子里常常说的一句话"土里刨食太辛苦，不要像父母那样生活"。父母都在农村过着"面朝黄土背朝天"的生活，我究竟需要付出什么样的努力才能跨越家庭环境所造成的一系列局限。①

当学生理解父辈生活中的辛苦与无奈，就不愿意再重复父辈们的苦难。于是他们就与父辈们一起，相互合作完成自己这一辈人的阶层跃迁。一旦这个理想确立，学生接受学校教育的过程就不再仅仅是教育过程，而是承载着家庭甚至是家族"出人头地""鲤鱼跳龙门"的梦想。当怀揣这同样梦想的家庭的数量足够庞大时，我国学校教育中各种怪象便会层出不穷，比如基础教育阶段应试教育屡禁不止、学生学习负担持续加重、课外辅导持久繁荣。这其实并不是教育问题，而是我国社会阶层结构和公共资源分配机制存在不足。

当学生确立"考上大学"的理想后，将会给学生个体带来巨大的内在力量。他们变得坚强、百折不挠、充满斗志，即使在竞争异常激烈的高中阶段。他们需要战胜的不是他人，也不是学校里的各种奇葩和变态制度，而是他们自己首先要不断地说服自己要适应任何逼迫和强制的环境，然后才能与别人竞争。然而，竞争总有胜负，而且永远是胜者少、负者多。

我一直很努力地上学，努力地学习知识，虽然我一点都不懂这些知识有什么用。直到高二，我突然病了，在学校晕倒了三次。妈妈很担心，因为她只有我一个儿子。她带着我走遍了全国很多的大医院，看了无数的医生，可貌似没有很好的办法去治疗，只能吃药维持。直到今天，我还是在吃药，不过身体状况已经完全正常，这已经是最好的结果了。但是当时不是这样的。当时自己觉得每天都很累、很困、四肢无力，脑子里很乱、会乱想。哪怕全校最好的老

---

① 资料来源：节选自中国中部地区某重点大学生张峰（化名）提供的教育传记文本材料。

师来给我们上课，我也已经坚持不住。所以在学校里，我再也不学习了，每天从早睡到晚，作业一个字都不写。我告诉妈妈，我很累，我不想学习了。我哭着跟妈妈说了好几次，妈妈却一直想尽办法让我坚持住，正因为妈妈的鼓励与支持，我坚持着我的学习生涯，我努力让自己去学习，去听讲。晚上九点放学以后，我还主动和妈妈申请去补课，在一个老师那里每天学习学到 12 点才回家。因为生活，高考这个担子狠狠地压着每一个学生，我们本有自己喜欢的事情，本应该过着自己喜欢的生活。可事实就是不高考就没有出路。①

接下来，了解一下媒体关于"高考学校"——安徽毛坦厂中学的报道。

我们是"学习机器"②

毛坦厂是一座僻静的小镇，坐落在中国东部省份安徽。而毛坦厂中学是中国最神秘的"备考学校"之一，这里的学生大部分来自农村，而高考为他们提供了一个机会，让他们不被农田和工厂生活所局限，能靠努力学习和高分来改变家庭的命运。

残酷的作息时间表。"这里是通往'天堂'的地狱"，作息时间也由班主任规定好了：每天上午7：30 上第一节课，但要求学生最晚 6 点就要起床，半个小时洗漱吃饭，6：30 进教室做 40 分钟早自习。早自习后安排"上厕所和睡觉"。"这个时候你们一定要在课桌上趴一会儿，就算只睡 5 分钟、10 分钟也好，休息一会儿效果完全不一样，不然第一节课肯定打瞌睡。"班主任还要求，一下早自习大家统一上厕所，"不要别人在睡觉的时候你去上厕所，进进出出影响别人休息。"上午四节课上到 11：00 结束，下午第一节课

---

① 资料来源：节选自中国西部地区某大学生高翔（化名）提供的教育传记文本材料。

② 资料来源：周晔，郭娟娟．近万名复读生涌入六安毛坦厂中学已开学一同 [EB/OL]. http：//ahwang. cn/anhui/20140728/1381344_4. shtm/2016 – 02 – 14. 有所删减。

13：15 才开始，但班主任要求学生 13：00 就到教室午自习。中间两个小时，他强调吃好饭后"别去干别的，一定要马上午睡，不然精力撑不到晚自习结束"。下午三节课到 17：35 结束，他给学生留了 45 分钟吃饭时间，然后在晚自习开始前安排半小时英语听力练习。晚上 19：00～22：30，三节晚自习。复读生的"学习周期"是九天，第十天按惯例是周考。

"学生是学习机器"，这不是比喻而是事实。学生学习生活本应该是丰富多彩，充满各种可能性。然而，类似于此的复读学校，仅仅围着单一轴心即"高考"运转，学生经过一番炼狱般的生活，收获的究竟是什么？但可以肯定的是，他们为此丧失了尊严、自由、甚至基本的人身权利。

"收起个性，跟着老师干"

毛坦厂中学一位高三复读班的班主任对学生说，学生之所以要来复读不是因为笨，而是因为懒，"所以一定要跟着老师抓紧时间苦干"。他晃了晃手里的名册说："我们班上的学生有许多来自合肥、六安的名校，这些学校比毛中好，老师也比我们棒，但你要相信，事实也不断地证明，我们有能力让你考得更好。"他举例说，他去年接的复读班里，首次高考只有108分的学生今年上了二本，原来141分的一人复读后甚至考上了一本，且超线20多分。最后，班主任向学生提具体要求，如进教室不准带手机等任何电子设备、不准带食物、上课不要讨论、不要和老师当堂争辩、不许谈恋爱等。①

一位在毛坦厂中学复读的学生说："我在那里学的是理科，但其实我喜欢艺术、音乐、写作，这些更有创意的东西"，"我想有很多同学跟我一样，除了参加高考，对别的东西知之甚少。"②

---

① 毛坦厂中学成高考工厂揭秘学生学习状态［EB/OL］. http://cd. bendibao. com/news/201465/56083_3. shtm/2016－02－14.

② 美媒探访毛坦厂中学出产应试机器的工厂［EB/OL］. http://learning. sohu. com/20150110/n407684454. shtml/2016－02－14.

　　或许用"无所不用其极"来形容这种学校管理模式也不为过。学生在这样的学校教育环境中，"收起了个性，与老师一起干"。然而，中国未来的创新能力在此阶段已经荒废了。正如一位学生所言"很多同学和我一样，除了参加高考，对别的东西知之甚少"。

　　当代的中国社会早已不是救亡图存的时代，当代社会的经济繁荣和学校管理的体制极不相称。学校教育毫无疑问地需要一系列的制度和纪律，然而，在设计制度和纪律的时候，能否站在学生的立场考虑学生合法和合理的权利？能否为他们的成长提供一个自由宽松的学习环境？

　　综上，"底端生存"描述的是：当代中国社会，真正生活在"底端"的群体不是社会阶层底端的群体，而是学生这个群体，特别是处于升学阶段的学生。他们的身体、精神、心灵处于被压制和强迫的状态，社会缺乏对他们的个体自由、尊严和权利的充分尊重。学生们唯一的生活目标就是升学，配合着外在强制，进行自我规训和自我说服。

第二节　身体层面因素成为学生寻求 安全感的主题阶段

　　个体对身体层面的安全感的关注几乎会持续一生，但会受到自身对身体的控制能力、对外在危险的认知以及对危机的应对能力等三个因素的综合影响。因此，学生个体安全感身体层面的影响因素，主要指的是拥有对自身身体控制能力的学生，在其接受学校教育的过程中所感受到的影响安全感的因素，主要包括：第一，外在的威胁造成的身体伤害，诸如体罚与打架；第二，身体的缺陷、疾病或不完美导致的不安全感；第三，身体的变化所导致的敏感性和叛逆性：诸如青春期，初中高中学生对身体的刻意关注。

一、外在的体罚与打架等造成的身体伤害

学校提供的是一种教育的环境。为保证教育教学秩序，学校制定了一系列的制度和纪律，违反者会受到惩罚。但这种惩罚若是针对身体的，它直接唤醒了学生当事人的身体层面的不安全感，也唤醒了见证惩罚发生的学生的身体层面不安全感。当然，在学校中涉及学生的打架事件，也直接唤醒学生身体层面的不安全感。以下是学生写的相关的教育经历及一些反思。

学校是一个可怕的地方[①]

小学一年级时，有次放学前我和同桌提前几分钟把书放进了书包，老师发现后对我们实施了体罚。这件事后我开始害怕上学。接下来的一年，可以说我一直在和妈妈抗争，她把我送进学校后，然后我自己会偷偷跑回家。对当时的我来说，学校是很可怕的地方。这种阴影直到第二年开学后才慢慢消除。

无处不在的监视和暴力[②]

初中学校的规章制度特别严格。班主任每天无时无刻不在，你在说话说不定有一双眼睛在偷偷注视你，然后随之而来的就是批评，甚至面壁思过。课间十分钟都在悄悄地坐着，没有人大声说话打闹，如果有人做出这种大逆不道的事，那么下次班会他肯定是被点名批评的。除了每天活在班主任那无处不在的目光中之外，我们还要面对各科老师的考核和谈话，如果哪里不会或者没有背会那么接下来重者就是挨打，而且老师总是喜欢扇同学耳光。我们班有个

---

① 资料来源：节选自中国中部地区某高校学生薛衫（化名）提供的教育传记文本材料。

② 资料来源：节选自中国西部地区某师范大学生南莲芳（化名）提供的教育传记文本材料。

女生就是被我数学老师扇耳光后，眼睛出了问题，最后退学了。因为老师都是以成绩看待同学、惩罚同学，我一直名列前茅，所以我还好，在初中只被英语老师打了三板子。

体罚能够直接唤醒学生的不安全感。特别是对心理比较敏感的学生，体罚唤醒的不安全感会持续很长一段时间。若学生持续遭受体罚，那么体罚对其造成的伤害，就不再单单是唤醒不安全感，而是会直接导致学生"以暴抗暴"。当教师教会了学生用暴力表达自我时，"教育的文明底色"就被改换成了"教育的野蛮底色"。这样的教育过程不是在"扬善"而是在"育恶"。

有的男老师会直接对学生进行扇耳光。……我的两个同学都经历这种事情，一个同学周建伟（化名）因为顶撞教导主任被教导主任叫到办公室扇了几个耳光，另一个同学赵冲（化名）因为顶撞校长，被校长打了一顿。[①]

就一般状况而言，人们普遍反对体罚学生。然而，针对所谓的"屡教不改"的学生，能否体罚他们？

"坏"学生的遭遇[②]

初中的时候，我经常在外面欺负别人、抽烟、骂人，甚至偷东西去卖，然后用换来的钱去网吧。而我的父母对这些事情一无所知，我也从来都不跟他们说。可是我的班主任很狡猾、很聪明。他经常听说我的一些事情，经常用各种方法偷偷地观察我，让我讲出事实。三年里，我在办公室里被他用木棒、电线等工具不知道打了多少次。我当时很恨他，很想好好地把他打一顿。有一次，我在学校打了人，拿了书包跑去网吧玩了好几天，没回家，也没上学。等到星期一，我回学校以后，我的班主任大早上七点就在校门口等

---

① 资料来源：节选自中国中部地区某重点大学生张峰（化名）提供的教育传记文本材料。

② 资料来源：节选自中国西部地区某大学生高翔（化名）提供的教育传记文本材料。

我，把我拉到水房里一顿毒打，打的我浑身是疤。

尽管对所谓"坏"学生进行体罚存在合理性，甚至学生监护人也赞成这种所谓的"教育行为"。"回家后妈妈知道了这件事，我以为妈妈会去跟班主任评理，结果妈妈却告诉我，说我们班主任打得太轻。"

但是根据《中华人民共和国未成年人保护法》第二十一条：学校、幼儿园、托儿所的教职员工应当尊重未成年人的人格尊严，不得对未成年人实施体罚、变相体罚或者其他侮辱人格尊严的行为；《中华人民共和国义务教育法》第二十九条：教师应当尊重学生的人格，不得歧视学生，不得对学生实施体罚、变相体罚或者其他侮辱人格尊严的行为，不得侵犯学生合法权益。

也许针对部分难以管教的学生，我国的法律可以这样修改：若对学生进行体罚，必须严格制定体罚的实施标准和程序，诸如体罚过程中有第三方存在，学生不服从体罚可以上诉等。

同时能够唤醒学生身体层面不安全感的，还包括学生与学生之间的冲突、老师对学生的批评等。

被同学欺负

因为我年纪太小，学校不同意让我上一年级，所以我留级了。又读一年学前班，这一年可以说是我当时的一个噩梦。我也许是因为是留级生的原因以及年纪依旧很小的原因，我总是被同级的人欺负、取笑。有个老师总是批评我，已经不记得当时的具体原因。[①]

记得有一次数学抽考，由于题目比较简单，我很快就做完了，闲来无事，就趴在桌子上观察窗外。这时，却发现一个学生在窗口反复出现，还不时地传字条。在确认他们考试作弊后，我就"勇敢"地站起来，揭发了他们作弊行为。我倒没有去想什么后果。后

---

① 资料来源：节选自中国西部地区某大学生闫连凯（化名）提供的教育传记文本材料。

果倒是有的。考试结束后，被那几个作弊的同学揍了一顿。[①]

在教育生活中，学生与学生之间的冲突比较常见。学校应该营造一种相互尊重、相互合作的学生关系。生活在其中的每一个学生都将受益匪浅。

综上，一般而言，当学生明白纪律或制度背后的合理性之后，就不会挑战纪律和制度；当学生拥有一定的身体素质之后，学校的纪律和制度也不会或不敢体罚学生；当学生明白事理之后，更不会用打架这种暴力手段解决问题。因此，在初中以后阶段，比如高中和大学阶段，在学校教育环境下，体罚或打架等因素几乎不再唤醒学生个体身体层面的不安全感。

二、身体的疾病导致的不安全感

身体的缺陷、疾病和不完美会唤醒学生身体层面的不安全感，但并非每一个学生都有此经历。仅选择一个案例进行描述。

由于我的胃溃疡一直存在，有一天父亲骑车给我送来了一些鸡肉，我吃了一些。一般来说，应该也没有什么问题。但是，我的胃已经很脆弱了，平时吃饭，每次一个馒头只能吃 1/3 或 1/2。但我父母不知道。我不知道我的高中生涯是如何熬过来的，只是可以想象当时我是多么瘦弱，弱不禁风也不为过。可怕的事情最终还是发生了。一天半夜时分，我的胃部疼如刀绞，连呼吸都也有些困难。……县医院的诊治结果是胃穿孔，比较严重，需要手术。人生至此，第一次经历如此大灾难……大概在医院住了十天左右，拆完手术线后，就回家休养了两周。这次手术后大概五年，在与同门圣诞节聚会时，由于大意与同门喝了两瓶瓶酒，造成肠胃内出血出现眩晕现象，后在校医院治疗七天。再后来，自己对身体越发敏感，

---

① 资料来源：节选自中国中部地区某重点大学生张峰（化名）提供的教育传记文本材料。

谨小慎微也不为过。①

身体的缺陷、疾病或不完美尽管不能轻易改变，但还是可以通过改变人们自身对其的认知，来降低这方面因素获得的关注度。

三、对外貌的刻意关注导致的不安全感

身体的变化导致的敏感性，诸如学生个体在青春期阶段会对身体进行刻意关注。青春期的学生身体发育较快，第二性征出现，会导致自身对身体的变化特别敏感，容貌、声音、身高的变化会导致心理焦虑，从而唤醒身体的不安全感。当这种变化结束后，身体趋向稳定，身体所唤醒的不安全感不再明显。同样可以通过改变人们自身对其的认知，来降低这方面因素获得的关注度。

对外貌的关注②

小时候另一件很特别的事情是我非常在意他人的目光。而这种"在意"，更多的则是因为我对外界信息非常敏感，而且这种敏感随着年龄的增加日益严重。关于这一点，影响最大的是发生在五年级的一件事情。当时坐在我后面的是一个名叫杨明（化名）的男生，他自小在我们班里就属于长得特别俊俏的，可能就是因为他的外貌吧，女生都喜欢和他玩。由于他坐在我后面，天然的地理位置优势，自然而然让我非常关注他。一次，杨明（化名）和我前面的一个女生正在自习课上聊天，那个女生叫谭燕（化名）。……谭燕（化名）是一个长得中等偏下的女生。小眼睛、尖下巴，关键是她那口满是蛀虫的牙，笑起来像一个个黑洞。……

这是一节自习课，大家都在安静地做着作业，只有角落里他们

---

① 资料来源：节选自中国中部地区某重点大学生张峰（化名）提供的教育传记文本材料。

② 资料来源：节选自中国东部地区某师范大学生周婷（化名）提供的教育传记文本材料。

俩细细碎碎的声响。作为班长的我……管纪律这方面可是我的"强项"，因此，我自然不能容忍他们俩公然在课上向我"挑衅"。我虽然做着作业，一只耳朵却紧紧跟着他们的谈话。我听到他们在说外貌的问题。对于敏感的我而言，外貌也是我在意的一部分。那个时候根本不懂"打扮"是什么，我只知道每天要穿干净的衣服来学校、系好红领巾、中队长标志，端端正正的样子最好。谭燕（化名）和杨明（化名）说着说着，我就听到了自己的名字，"你觉得她怎么样？"这里的"她"就是我，还没听清杨明（化名）怎么评价我，一股怒气加上委屈直涌我的心尖，我再也受不了他们在我背后指指点点了，我突然站了起来，大声朝他们吼道："不要再说话了！"。接着不争气的眼泪夺眶而出，不明情况的同学们都站了起来，整个班乱成了一锅粥。

外貌是个体感知他人的最显性因素。学生也非常在意别人对自己外貌的看法。对外貌越敏感，与外貌相关的评价就越关联个体安全感。个体对他人对于自己外貌的评价的想象会影响个体自身的行为。个体对自身外貌的评价也会影响个体自身的行为。

不敢跳出去看外面的世界[1]

我（初中时）长相不出众，学习成绩中上，平时沉默寡言，现在想想好像都没有和同学特别是男生说过话，在老师面前更是大气都不敢出的样子。但是我自认对待周围的每一个人都是真心的，我喜欢交朋友。……现在想想有点后悔，后悔自己怎么那么胆小，对于许多事情都不敢尝试，面对同学时的害羞，不敢跳出自己给自己画的圈，不敢跳出去看看外面的世界。其实有些事情并没有我们想的那么难……

在学生个体（特别是女生）对外貌敏感的时期，与外貌相关的

---

[1]　资料来源：节选自中国西部地区某师范大学生范星霁（化名）提供的教育传记文本材料。

评价（或个体认知）会唤醒个体身体层面的不安全感。尽管爱美之心人皆有之。但在学校教育过程中，要引导学生正确对待外在美，引导学生追求内心的善良和美好。

第三节　物质层面因素成为学生寻求安全感的主题阶段

在本节中，物质因素主要指家庭经济状况唤醒的学生物质层面的安全需要的因素，当然还包括学校对学生的可见的物质奖励等能唤醒的学生物质层面的安全需要的因素。另外，在应试教育体制环境阶段，学生能力层面的安全感因素主要表现在应试能力，而应试能力又转化为成绩、物质奖励、父母和教师的喜爱等。因此，本节将学生的可见的成绩和奖励作为唤醒学生安全需要的因素加以考虑。

一、家庭经济状况对学生安全感的影响

首先是学生的家庭经济状况对学生寻求安全感的影响。

老师的傲慢与我的自卑①

小学入学那天，我清楚地记得我们姐弟三个被领到教室门口时候，那个老师对我母亲不屑的眼神，那种傲慢让我有些害怕。也许是出于自卑，我不敢和同学谈我的家庭，更不敢把他们带到我家去。但在外面，我和他们玩得很好。我对那个老师并没什么好感，她对我也一直有偏见，这种偏见可能是因为一件事——交学费。上了这么多年学，父母从没接送过我们，交学费自然也是我们自己带去，怕把钱掉了，父母就让我们把钱放到袜子里。

---

① 资料来源：节选自中国东部地区某大学生李蒙（化名）提供的教育传记文本材料。

当然钱从来没掉过。那天交学费的时候，老师找钱的时候多找了我五块。我当时也没说，也许后来老师想到了，但她从未提过。但是从老师以后的行为里，我发现，老师确实想到了，并且记恨了……

对物质财富的认知，总是外界赋予儿童的。起初，学生对贫穷或富裕没有过多认知。但是，年长者对物质财富的态度会直接传递儿童或学生。在教育生活中，教师根据学生的家庭经济状况来区别对待学生，就会唤醒部分家庭经济状况不好的学生的不安全感。

"留守儿童"的"庆幸"①

在小学一年级的时候，我很庆幸我遇到一个好的语文老师。那时候的我，已经是留守儿童，寄养在婆婆家。全家就只有我哥俩和婆婆。家境贫寒的我，自小就有一种自卑感。不要嘲笑或是鄙视小小年纪我就懂得嫌贫爱富。小时候的教育并没有教你怎么样保持良好的自我修养。就像老师只喜欢"乖"学生一样，我们一直都在做好学生。学校也在培养好学生。但是，学校确实忽视了我们内心的感受。我们的老师并没有像其他老师一样因为家境不好而冷落我，这是我感到最温暖的地方。

一般而言，缺少父母直接养育的"留守儿童"比正常家庭养育的儿童，心理更加敏感。特别是当自身家庭经济状况又比较差时，儿童内心的自卑感所唤醒的不安全感会持续存在。当学校中老师能够公平面对所有学生时，敏感的留守儿童就会感到一些温暖，其内心的不安全感就会减弱或消除。

家庭经济状况所唤醒的不安全感的程度，取决于学生个体对金钱的认知能力。从学生进入学校开始，当自身家庭经济状况与同学相比有差距时，物质层面的不安全感可能会被唤醒；还有就是在大学期

---

① 资料来源：节选自中国东部地区某大学生杨中华（化名）提供的教育传记文本材料。

间，学生之间的家庭背景差异会凸显，部分学生物质层面的不安全感也会被唤醒。

大学的同学来自全国各地，同学之间的各种背景差异都比较大。来自城市的学生，自身素质都很强、经济条件也不错。来自农村的学生，自然矮了一截。上大学的学费并不贵，但为了减轻家里的负担，我连续两年申请助学贷款。大学期间还摆过地摊卖过小商品。但整体而言，面对全新的大学环境，自尊心更强，也更敏感。与城市里的学生来往比较少，与女生的交往也比较少。[①]

当然，随着学生对金钱的获取能力和控制能力的增强，家庭经济背景所唤醒的不安全感会降低。事实上，学生在校期间主要任务还是读书，家境不好所带来的不安全感会持续产生影响，直到经济状况改善之后才会缓解。

二、学习成绩对学生安全感的影响

由于学习成绩是具体可见的，而且是老师（家长）评价学生（孩子）最重要的指标。与好成绩相伴的包括奖状等物质奖励、称赞夸耀等精神奖励。而学生在成人的期待中去追求成绩，并以此获得安全感、自信心和幸福感。

充满幸福的小学阶段[②]

可能是因为自己小时候对学习充满好奇，也可能是自己的虚荣心，还有可能是小时候争强好胜，不想落后别人半步，所以在小学的时候学习就很用功。每次期中期末考试都可以拿下班级前三，那时候最期待事情就是等分数下来，然后学校发奖状、笔和

---

① 资料来源：节选自中国中部地区某重点大学生张峰（化名）提供的教育传记文本材料。

② 资料来源：节选自中国中部地区某大学生齐岩宏（化名）提供的教育传记文本材料。

本子。发的本子是那种硬皮子的本子，我觉得发的那种本子在我那个年龄段已经是一种非常豪华的东西了。由于舍不得使用，就一直放在家里了，后来就找不到了。还有就是发的奖状，每次拿着奖状走在回家的路上，然后一些村里邻居就会问问我拿了第几名。听着他们看了奖状之后对我的夸奖，心里的虚荣心一下子得到了满足。

小学阶段，由于学习的强度和难度都相对较低，一部分学生还不明白"学习"意义和价值，因而同学之间的竞争并没有那么强烈。学生对小学阶段的回忆以"幸福""快乐"为主。

成绩是证明自己的最好方式①

小学的时候，成绩好貌似是证明自己的最好方式。在老师、同学还有家长眼中我都是被称赞、被重视的对象。那时候我会有到区里、县里参加各种各样的作文比赛、数学竞赛、画画比赛等。……小学的时候因为成绩好，各种各样的机会都会给你。比如说，参加各种比赛，比如当班干部，还有当学校的大队委，参加很多学校的活动等。还有就是，老师会在班里把你的作文当作范文念。快到小学毕业考的时候，要复习很多内容、要做很多练习卷，语文老师每次都是直接把我的卷子批改过后，然后当作标准答案贴在后面。那时候因为成绩好会有一种我心理上的自信和优越感。

好的成绩能够为学生带来外在奖励和内在认同，同时会提高其自信心和幸福感。安全感内在于幸福感之中。但是，曾经的成绩不理想或竞争失败也会唤醒了个体的不安全感，之后会对成绩更加敏感。只是在成绩未通知学生时，学生的心是紧张而焦虑的，这种状况唤醒的是不安全感。当得知成绩之后，不理想的成绩会直接导致学生不安全感的持续；而理想的成绩会直接满足其安全需要即获得

---

① 资料来源：节选自中国东部地区某重点师范大学生林妙（化名）提供的教育传记文本材料。

安全感，进而带来自信心、幸福感等。

学习成绩的进步当然也是我幸福感的来源之一。那时班里还会排名，每次排名有所进步，都会感到很开心。在初中三年，我的排名从第十名开始，之后每一年都有一点提高，到中考前的模拟考试，我成了班里第一名。这种成绩上的进步给了我很大的信心。看到自己一点点进步，感到自己的努力没有辜负父母和老师的一片苦心，同时也有更多理由肯定自己的能力，当然是幸福的。①

初中的时候，最让我感到骄傲的还是那段时间对社会的一些更加成熟的看法，让我分别拿到了区里和市里作文比赛的一等奖，语文成绩也总是名列前茅，所以当时可以说是很喜欢语文的……②

初中阶段，尽管初中升高中的压力已经存在，但是与高中升大学的压力相比是小巫见大巫。参与撰写教育自传文本的学生，初中阶段仍处于金字塔的顶层。而到了高中阶段，由于竞争强度加大，成绩好只能是少数人的专属，不少学生描述此阶段的经历，用到"心理迷失""焦虑""噩梦"等词汇。

高中以后，由于高考的压力和学习成绩跟不上的关系，我心理上其实发生了不少的变化，也就迷失了自我，高中也就没有让我特别痴迷的事了。高中的时候，其实是痛苦多于快乐，负面多于正面的……③

部分学生对"是否做过关于考试的噩梦"调查的反馈：

我记得最深的一次是期末考试，出了分数，考的不是自己希望的那个分数，醒来以后心情很失落。这种梦高中比较多。大学就两次。高一高二期末考试前后会有这种梦，高三因为经常考试，渐渐地这种梦做的也比较少了。初中我不记得了，应该不是很多。④

---

① 资料来源：节选自中国中部地区某大学生周萍（化名）提供的教育传记文本材料。

②③ 资料来源：节选自中国东部地区某大学生尚芳（化名）提供的教育传记文本材料。

④

　　其实，就笔者的体验而言，高中生活是比较焦虑的，高中阶段即使到大学阶段有时做噩梦，梦见考试没考好、数学没考及格等。

从小学到高中的"恐惧变迁"①

　　小学怕数学应用题做不出来。那个时候妈妈对我比较严格，尤其是一年级和二年级，我的数学很差，她会逼着我做应用题。我那个时候应用题特别差。初中的时候主要怕两件事。一个是因为初中时候班主任喜欢在全班所有人面前报成绩，喜欢把每一个学生的每门成绩一门一门地报出来，这样就能知道每一个人的排名。六七年级还不是特别害怕，八年级加了物理，九年级加了化学，成绩当时下降了，特别怕班主任报分数。第二件事就是我在自传里写的，那个男孩的问题，其实什么都没有做，但是班主任就特别敏感，一直会打电话到家。高中刚入学时候，特别怕孤独，因为学校在另外一个区，离家很远，要住校。……高三临近高考了有点害怕，就是紧张。高三的紧张其实来自外界。老师和同学都特别紧张，弄得我不紧张也是不可能的。

　　详细考察一个学生的"恐惧变迁"，便能折射整个学生群体的"恐惧变迁"。因为，这不仅仅是"个体焦虑"，而是学校教育体制环境决定和刻印的"恐惧结构"。而这个印记主要就是成绩唤醒的学生的不安全感。

三、只能是少数人的"成功"

　　要维持竞争的持续性，必须形成人与人关系的金字塔结构，并按照金字塔结构分配各种社会资源。胜利者与失败者形成天壤之别。具备这种金字塔结构的体制造成并加剧了人与人之间的分离。

---

　　① 　资料来源：节选自中国东部地区某师范大学生周婷（化名）提供的教育传记文本材料。

在学校教育中的个体，特别是学生很难看透这种竞争体制，只有参与过后并对这种竞争方式加以反思，才能看清看透这种竞争机制的危害性。

"老师"眼中的丛林竞争法则①

到高三时，这是一个重要的阶段，所以班主任给我们制定了一些时间安排，让我们不浪费一分一秒，他的口头禅就是：今天我比别人早一步，明天我比别人高一头。所以我的高三都是在紧张的气氛中度过的，每天不是从食堂跑到教室就是从宿舍跑到教室。一星期中只有星期天的下午是有空的……

学生个体具有"出人头地"的思想，本无可厚非。然而，当教师在学生面前直接宣称社会达尔文主义的丛林竞争法则，类似"今天我比别人早一步，明天我比别人高一头"时，无论这个教师能培养多少出多少考试成绩优异者，他也不是好老师。因为，正是他的努力加剧了社会的丛林法则，冷漠了人与人的关系，唤醒并加剧人们心中的不安全感。

也许老师只是社会竞争体制中的一枚零件，学生也是。而且学生也能看清这种体制背后的价值取向：只有优秀的人才能有更多的资源。

"所以，我一直觉得只有优秀的人才能有更多的资源。……强者更有可能成为最终的胜利者。而弱者很可能持续保持弱势"。②

成绩好自然拥有优先选择权。复读生班的学生待遇更差，学生桌位完全按照成绩排，成绩好的学生可以任意挑座位。成绩差的自然没有任何尊严。③

---

① 资料来源：节选自中国西部地区某大学生王艳（化名）提供的教育传记文本材料。

② 资料来源：节选自中国东部地区某师范大学生朱万茜（化名）提供的教育传记文本材料。

③ 资料来源：节选自中国中部地区某重点大学生张峰（化名）提供的教育传记文本材料。

教育实践永远不应该为了单一的功利价值，而抛弃学生的善良和尊严。学生学到的，不应该是对他人的优越和残酷，对不公平教育制度的冷漠和遵从。事实上，竞争体制环境中没有受益者。

班长职位背后是"崇拜"

当班长的时候最光荣的事情就是帮着老师收发作业，中午坐在讲台上看大家自习。那个时候只要能坐在讲台前，老师们"专属"的那个座位，班级里的小朋友都会很"崇拜"他，所以在很小的时候，我就饱尝被人"崇拜"的感觉。现在想来，这可能并不是一件好事，孩子从小受到过多的关注，会给他造成无形的压力，随着我慢慢长大，我越来越觉得自己肩上负担的压力很大，这种压力并不来自外界，而是来自我自己，我会非常在意他人的眼光，每当有活动就希望自己表现得更好，如此一来，随着年级上升，我的压力越来越大……

当然，教育竞争体制背后是社会的人才选拔机制。这一制度就直接决定学生在学校教育过程中会遭受残酷竞争。同时，这一背景赋予了教育竞争合法性和合理性。其实，我们需要更广阔的视野来看待教育自身。正如刚才提及的，教育实践永远不应该为了单一的功利价值，而抛弃学生的善良和尊严。

第四节　关系层面因素成为学生寻求安全感的主题阶段

本节所讨论的是学生个体在接受教育过程中拥有了哪些重要的人际关系？人际关系之所以重要，在于它是个体主动寻求安全感过程中首次将视线转移到身体之外。并将另外一个人或一个小群体看作和自己一样重要。尽管学生在主动寻求关系层面的安全感，但因为缺乏判断力和辨别力这一过程又往往是盲目的。近年来，媒体关于儿童群体自杀的报道日渐增多，就验证了儿童对关系渴望的同时又具有较大盲目性的结论。

从本质上讲，人际关系是一种交流载体或通道，它为个体发展提供支持。在学校教育环境中，本节用师生关系、生生友谊、归属感等来描述学生个体关系层面的安全感主题。

一、师生关系

师生关系是影响学生安全感的重要因素。在对中国东部某师范大学生朱万茜（化名）进行访谈时，她表示"在小学阶段，我最害怕的是老师不喜欢我"。固然，在学生自我发展朦胧期，老师是真理和正义的化身，学生用仰望的视角来观察老师。当然，对于还没有获得独立能力的学生而言，能赢得老师的喜欢，就构成学生安全感的核心。但随着学生知识增加、能力发展和视野的开阔，特别是到了高中阶段①，学生观察教师的视角不再是仰望而是平视②。他们开始渴望在师生关系结构中，与老师拥有平等而亲密的类似于朋友或家庭成员般的关系。

我所期待的师生关系我觉得应该是我高一班主任和我们班同学之间的关系，大家可以像朋友一样开玩笑，嬉笑打闹，老师可以像兄长一样开导我们，鼓励我们或者在我们自我膨胀的时候敲醒我们，老师可以像家长那样在我们做错事的时候，以那种大家之长的威严来教训我们，可以顶着学校硬性规定只站在我们学生利益上考虑问题的这种师生关系。③

---

① 高中阶段是学生安全感变迁和自我发展都非常关键的一年。青春期身体的快速发育，教师在身体上的优势已不存在，身体层面的因素（外貌导致敏感除外）已不能唤醒大多数学生的不安全感。

② 平视在某种程度上意味着平等，因为它不是居高临下的优越感。以此而言，平视能够消除不安全感，给人带来安全感。据本书在澳大利亚访学期间合作导师介绍，"澳大利亚的幼儿园，老师是跪着与幼儿对话。这是在从小培养幼儿的平等意识"。

③ 资料来源：节选自中国中部地区某高校学生薛衫（化名）提供的教育传记文本材料。

　　然而，这种朋友式或类似家庭成员（兄长、家长）的师生关系结构，由于太复杂，在现实的教育生活中很难存在。特别是在竞争体制背景下的教育环境中，教师与教师也存在某种竞争关系，教师群体和学生群体的也存在诸多利益冲突点。但渴望是缺乏的另一种表达方式。

　　我理想中的学校是一个充满爱的地方，老师真心地为学生付出，同学关系都很好。大家在一起讨论各种积极向上的东西，一起努力，一起成为优秀的人。我们像家人一样互相为周围的人着想，像朋友一样讨论互相喜欢的东西，像挚友一样能够无话不说。我希望老师能够成为我们的心灵导师，不仅仅是教会我们学习上的东西，更多的是教会我们如何做人、如何学习、如何在未来生存下去。[1]

　　相对于学生而言，理想的师生关系的核心要素包括"爱""彼此关心"（向家人一样）"平等""一起积极向上，共同成长""知识传授和心灵（人生）导师"。

　　理想的师生关系就是老师和学生有着共同的追求，这种关系应当是亦师亦友的关系，在感情上经常交流，相互交换心得，在术业上则是有指有点，相互研讨学术领域的知识。真正的好老师不仅要具备准确的、系统的知识和技能，而且要教导学生根据学科的要求和自己的兴趣把学习搞好，同时，老师也有引导学生做人的责任，只有这样的师生关系才能更和谐稳定。[2]

　　对所渴望的师生关系的描述，反映的是现实或经历过的师生关系存在缺憾。但毫无疑问，这种师生关系能够给学生带来关系层面上的安全感。然而，任何一种关系结构都只存在于主体建构关系的动态过程中。师生关系亦是如此。它首先是教师作为主体的主动建构，其次是学生在回应教师过程中由被动地接受逐渐转变为师生关

---

① 资料来源：节选自中国西部地区某师范大学生杨玲（化名）提供的教育传记文本材料。
② 资料来源：节选自中国西部地区某师范大学生周燕（化名）提供的教育传记文本材料。

系结构中的主体之一。然而，理想的师生关系结构，只靠单独一方去建构，显然是不可能的。即使师生双方共同努力也不见得建立成功。那么老师如何才能走进学生的内心？

走进学生内心的简单与不简单①

这件事情，一直以来在我心里留下了不可磨灭的印象，没有张老师，我的初中岁月必定是无光的。上面的只是我的生活中的一点点的事情。真心的，张老师是彻底地改变了我的人生观和价值观。真真切切的跟我父母一个样，待我如己出。后来毕业后和母亲聊天才知道，原来班主任一直和我的家人保持联络却不让我知道，怕我知道后，产生逆反心理。对我的之前，她了如指掌，不止对我，也是对全班的孩子。在这里我特别地想对张老师说声，谢谢你，此恩我今生必报。

用关心和爱才能走进学生的内心，用真理和智慧引导学生成长，才能确立学生正确的人生观和价值观。特别是处于"青春期"的学生，我们一直喜欢用"叛逆"来形容。原因在于，一方面是因为他们自身随着身体的发育加快而导致的心理的发展没有跟上身体发育的步伐；另一方面是因为我们的教育环境一直不鼓励甚至不允许学生自主和独立。因此，一旦学生能够拥有反抗老师（或其他成人）机会，他（她）必然反抗，以显示自己的自主能力或者重要性，以引起他人对自己关注。

经历过如此多老师，最令我印象深刻的就是初二时的班主任了，那时候的我处于叛逆期，虽然做了许多违反校纪的事，但是一直没被抓过。俗话说"常在河边走，哪有不湿鞋"。有天晚上，我就被班主任捉到在玩手机（这是用奖学金买的山寨机）。他把我叫到走廊外面，语重心长地跟我聊天，说道理。说实话，我现在回想

---

① 资料来源：节选自中国中部地区某大学生李琼（化名）提供的教育传记文本材料。

起自己的当时的态度，真的是很桀骜不驯。当时我很想像其他的女生那样挤几滴眼泪，但是哭不出来。相反，我还很努力地憋住不能让自己笑。最后，老师说："看在你学习那么好的份上这次就算了。"天知道我是多么地失望了，他居然没有把我上报！我的叛逆心受到了极大的打击。这件事就这样过去了。好像是期末的时候吧，有一天他召集班干谈论事情。谈完的时候他突然跟我说，你没有记恨我吧？记恨也没有关系的，不要影响了学习、不要不听我的课。反正大概意思是这样的，我突然就很感动了，原来还是有人在乎我的感受的。可能现在他早已经忘记了这回事，但是我永远都会记得。谢谢你，超哥！①

教师作为学生成长的引导者，要给予学生什么？教师用什么价值如何引导学生，学生的价值观中就会被填进去什么价值。正向价值诸如平等、公平、善良、诚实，有利于建构正向的师生关系。这种师生关系能够给学生带来安全感。

初中阶段，幸福感和成就感来自我所在的充满合作和关爱的集体。我们的班主任高健（化名）老师，她在一所师专刚刚毕业，是新任职的老师。带着她的学生气和对教学的热情，成了我们的第一任班主任，并陪伴我们三年时间。在这个集体中，由于班主任的带领，我从来没有感受到因为学习好坏而受到追捧或者歧视，当然了，在大集体中也存在诸多小团体，而我的小团体则是一群老实但幽默善良的人组成，大家平时在一起打打闹闹，一起大扫除，办黑板报，很多快乐。

一般说来，拥有某种关系所带来的安全感，经过一段时间沉淀后便进入潜意识。但是，一旦失去某种关系，其唤醒的不安全感便更加强烈。师生关系同样如此。

---

① 资料来源：节选自中国东部地区某大学生王乐甜（化名）提供的教育传记文本材料。

关系失去所形成的某种阴影①

我（大学）入学第一年就被选为班长，当时感觉美坏了，每天拿个小包像模像样地去听辅导员开会，再像模像样地回来给班里的同学开会。总的来说，班级管理得不错，同学关系也算和谐。可大二时，我们换了个辅导员，32岁副处级，这家伙可不是吃素的。但我也没太当回事，就觉得我把我分内的事情做好就行了，但是呢，其他班的班长总往辅导员办公室跑，干什么呢？我不知道，反正又没叫我，我不跑。有一次，清明放假前，辅导员突然要求查人，全体清查，要求班长把没来的人报上了，就在数人的时候，我班俩女生，给我发来了短信，说这次千万别报她俩，因为之前有很多事情，这次再被上报，就要受处分了。我心一软，就没写这俩人。其实这种事是普遍现象，每个班都会发生，辅导员心里也清楚。然而，清明放假回来后的第一天的早自习，辅导员走进教室严肃地说"今天跟大家宣布一件事，由于班长包庇班里某某同学，撤除其班长身份，取消其党员资格"。天啊，简直是晴天霹雳，后来班里同学通过写联名信，派出学生代表，干部代表等各种方式去跟辅导员谈，都无济于事，只有一句"说出去的话，不会收回。"这一招太灵了，杀一儆百，这届学生知道了辅导员的厉害，没有一个再不服从管制的了，我这个被杀的猴，死的也值了。但是大学四年中的后三年，我的头顶都被这种乌云笼罩着，一种文人被贬不得志的感觉。现在说这三年，说得挺轻松的，但是当时真是不知道自己怎么过，在别人眼中，大学本应该是挺潇洒的青春岁月，但是我走到哪都感觉自己做了坏事一样，都感觉被人用异样的眼光在看我。

"新官上任三把火"和"杀一儆百"这两种管理方式，在学校教育环境中似乎都不宜使用。首先，教师不是官，教师和学生的关

① 资料来源：节选自中国东部地区某师范大学生杨莹（化名）提供的教育传记文本材料。

系结构是"文明共同体"，其中联结教师与学生的是文明核心价值。"三把火"烧掉是教育影响的连续性和教育生态的内在稳定性。其次，文明共同体的使命是传承、创新和发扬文明核心价值，并用文明核心价值确立学生的生命和人生意义。从更广泛的意义来讲，文明共同体是整个社会的文明之光源。因此，"杀一儆百"不是教育学生的方式，而是专制统治的方式。在伦理学中，每一个个体的价值都很宝贵，都是不可替代的，一百个人的价值并不高于一个人的价值。在学校教育环境中，教师使用"新官上任三把火"和"杀一儆百"的方式，显然违背了教育的基本原理和原则，改变了师生关系结构中和谐的关系生态，给学生带来了关系层面上不确定性和不安全感。

二、重要他人：同学之间的友谊

在竞争性的教育体制环境下，要求教师走进每一个学生的内心显然是不现实的。学生关系层面的安全感，师生关系固然重要，但是最能够走进学生个体内心的还属同辈群体。竞争与合作是学生之间关系的主旋律。竞争关系本身的价值是中性的，而竞争关系背后的价值导向却关系到教育本义的澄清和遮蔽。若竞争的动机和结果都是引导学生趋向"良善"和"正义"，趋向于学生造就"更好的自己"和"更好的社会"，那么竞争的过程必然不会出现"嫉妒""恐惧""伤害"等负面心理和感受。

高一的时候，我遇到了很大的困难。因为勉强考到高中，我的成绩在我们班只是垫底的存在。很多课程，我根本就听不懂，尽管不放过一分一秒的学习，我也很难取得满意的成绩。多亏了一个人，他是我的同桌。我们学校分奥数班、实验班、普通班。我们只是普通班，他是我们班上第三名，侥幸的是我们坐在了一起。他是一个学霸，每天就知道学习，所以我也每天跟着他一起学。他在初中就是好学生，但是考试没考好，只能上普通班，所以他有目标，下次分班一定要到实验班。在我的努力和同桌的帮助下，我的成绩进步很快，期末考试后，他如愿以偿地进了实验班，而我也成了班级的前五名。我们约好来年实验班见。……皇天不负有心人，高二时，我也上了实验班。但是如我想的那样，我的同桌也不在实验班了，他上了奥赛班。我又有了目标，又有了动力。来年，我一定也要上奥赛班。……终于，高三的时候我也上了奥数班，成了我们学校的尖子生。所以，我很感谢我的同桌，他是我的目标，是我一直要超越的对象。让我没想到的是，高考结束，我们闲聊，他却对我说了谢谢。他说他学习没有我努力，尽管他成绩好，也会有想放弃的时候，但是想到我在他身后拼命地追赶，就不得不更加地刻苦用心。我惊讶了许久，也就释然了，真心地笑了笑，这才是真正的朋友，一辈子的好朋友。[1]

当然，同学之间的友谊对学生个体关系层面的安全感非常重要。在老师不能走进学生内心时，这种友谊就成了学生个体在学校教育环境中唯一的社会支持了。一旦缺失，学生个体就有极大可能陷入自我局限的泥潭中。

在学习难度和强度都比较高的高中阶段，异性之间的友谊对学生的安全感已经非常重要。对没有太大竞争优势的学生而言，这种异性之间的友谊和彼此好感会成为其高中生活的唯一亮色。

高中以后，由于高考的压力和学习成绩跟不上的关系，我心灵上其实发生了不少的变化，也就迷失了自我，高中也没有让我特别痴迷的事了。高中的时候，其实是痛苦多于快乐，负面多于正面的，不过还是出现了那么一个人，成了我高中生活的一抹亮色。他成绩很好，常常辅导我；对我非常体贴和宽容，无论我做什么他都默默注视，默默帮忙，让没怎么交过朋友的我，感到了前所未有的温暖和可靠。在高三那么苦的日子里，他比我父母对我还要好，给过我许多支持和鼓

---

[1]　资料来源：节选自中国中部地区某大学生李猛（化名）提供的教育传记文本材料。

励，让我坚持走下去，他成了我高中时期的避风港。①

提供这段教育自传的学生是一位女生，就本质而言，高中阶段的强烈竞争是每一个人都要面对的，不分男女。然而，一般而言，女生的心理比男生细腻，她们对人际关系的感知能力也强于男生，同样她们对人际关系的需求强于男生。

三、自卑感与人际交往

拥有自卑感使学生个体将关注的目光聚焦到自我的缺陷或软弱上，但这种感觉本质上是个体与他人进行社会比较的负面结果。但通常而言，个体极易将自己的缺点与别人的优点进行不对称比较，这种情况导致的自卑感并不反映个体的真实状况。但自卑感导致个体与环境互动产生障碍，表现在社会交往层面就体现为害怕与他人交往。这种自卑感会持续性地唤醒学生人际层面的不安全感。

我是一个性格开朗的人，但是同时有一个致命的缺点：自卑、胆小。刚进大学时，学校里有许多社团招新，当然我也想去，只是那时因为刚开始上课，觉得课程太难，怕时间不够，于是放弃了。由于课余也没参加什么课外活动，这样自然就限制了我的交际圈子。在一个很小的圈子里活动，做一个默默无闻的小卒，这与我性子里的自我当然会有冲突。于是，有一段时间，我觉得自己一无是处，做不了什么大事，虽然我的好朋友们都说我很能干，都很欣赏我，但是我自己内心里的自信与那该死的自卑感无时无刻不在冲击我的神经。②

要走出这种自卑感，必须有个体自己以外的力量的引导，而且这种力量要特别柔和充满鼓励，以保护那颗敏感的心。在学校教育

---

① 资料来源：节选自中国东部地区某大学生尚芳（化名）提供的教育传记文本材料。

② 资料来源：节选自中国西部地区某大学生韩艳芳（化名）提供的教育传记文本材料。

环境中，教师的鼓励和有意训练能帮助学生走出这种自卑感。当拥有自卑感的学生个体将目光转移到自我之外，比如专注于任务本身或关注集体胜于关注自己，自卑感就自然而然地消失。

还记得小学时的我性格胆小，不敢和老师同学交流，但是学习刻苦努力。后来李老师找到了我，她和我讲了很多，当然只是她在说，而我只是低下头认真地听着，也不敢说什么。李老师似乎对我的反应很熟悉，也不再多劝导。不过在后来的课程中，李老师总是会有意无意地让我回答问题，让我站起来面对全体同学。刚开始我很害怕，抬不起头，甚至有些反感李老师。不过次数多了，我也渐渐地适应了，回答问题也变得很顺畅。也不再害怕同学，想到什么就能说什么，而且还会在很多同学的眼中看到丝丝美慕。我的变化，李老师看在眼里。后来在李老师的鼓励下我担任了班级学习委员，自从担任了这个职务，我与同学和老师的沟通逐渐多了起来，也会主动问老师一些问题，向李老师汇报一下班级里的学习情况。……我多次被评为"三好学生"和"优秀少先队员"。从那时候开始，我就想着在未来我也要做一个有用的人，为祖国、为社会奉献出属于我的力量，体现出我的人生价值。所以我要感谢李老师，感谢她的照顾与鼓励，让我敢直视现实，让我不再懦弱，更加开朗阳光。[①]

人们常说，美好的关系总是可遇不可求，在学校教育过程中也是一样。但是仔细思考一下就会发现这句话存在问题。如果学生一直处于不自觉的发展状态，那么他们人生中遇到的一切事情都是不可求的，但一旦他们的自我意识处于唤醒后的自觉状态，他们就会主动选择或建构自身所处的环境。正是环境保证了能遇见他们所求的人际关系的绝对数量。但问题就在于，在学校教育过程中，学生是被控制的对象，他们的自我自觉意识处于被压制状态。只能渴望

---

① 资料来源：节选自中国中部地区某大学生李猛（化名）提供的教育传记文本材料。

去遇见更好的自己或更好的他人。

四、班级归属感

班级归属是一种群体依赖（group reliance）。群体建构的一系列体制和机制为个体适应环境提供便利和保护。但在学校教育环境中，班级作为基本的教学和学生管理单位，直接面对学生的各种需求，诸如：关系层面的安全需要、个体对群体的认同感和归属感。当班级文化生态呈现出积极向上、充满关心和温暖时，学生学习和生活其中，就会自动产生一种归属感。因为这种群体文化生态培育、唤醒、促进学生内心对"向善""崇高"的渴望和创造。

班级归属感①

A：你最怀念哪个阶段的在校生活？

B：高中。高中虽然压力大，但是环境很好。老师和同学都很好。

A：高中阶段，学校的学习环境很好，是吧？对了，你一直比较感兴趣的科目是什么？

B：是的，尤其是分班前的班级。

A：有了班级归属感。

B：分班以后因为女生多，暗中竞争还是挺厉害的。

A：文科是女生比较多。

B：是的，这是分班前的班级给我的最大感受，所以高中时候，我最快乐的时候也是高一和高二。高三的时候，分班以后，由于学生都是来自不同的班级，重新组成一个比较融洽的班级比较困难。一方面时间不够，大家都忙着学习，另一方面没办法组织活动（这对调动班级氛围很有帮助的）。所以分班之前的班级比较好。

――――――――――

① 资料来源：笔者访谈是在 2015 年 3 月份与周婷（化名）通过 QQ 聊天的方式进行的。

B：其实分班之前的氛围也一般，高一高二的时候分班前是平行班。我们高中分平行班和提高班。平行班是竞争压力不大，大家成绩都处于那一段，也不存在非常激烈的竞争关系。重点班刚进去时候，可以考可以不考，考完之后根据人数选拔。

竞争强度及其价值导向会对学生个体的心理产生影响。过于强烈的竞争关系会激发出个体的防御意识，并唤醒其安全需要。学生生活在这样的班级环境中，很难产生班级归属感。相反，当竞争关系没有那么强烈，学生个体则会产生班级归属感。另外，在竞争关系背后要设置正确的价值导向。

五、体制是"一台机器"

体制，在此指的是教育系统宏观和根本层面的制度。我们的教育体制背后的精神取向或价值取向是基于"国家功利主义"和"现代效率主义"，教育目的是培育人才。而生活在其中的大多数学生，只能去被迫适应环境、去竞争。然而，体制是一台机器：只有效率，难有情意。

关于"不良竞争"的讨论①

A：再问一个问题：你如何看待同学之间的竞争，特别高三阶段。
……

B：给我带来影响的话。高三的时候，会觉得同学没有高一高二时亲近，不良竞争的比例大。就是大家的竞争太激烈到了一个扭曲的阶段。

B：比如，一本好的辅导书，我做的话，可能会偷偷地做，不想让别的同学知道。这种竞争就是大家在暗自努力，不想让别人知道。这种现象在大学也比较普遍，比如我找到一篇好的论文，我只

---

① 资料来源：笔者访谈是在2015年3月份与周婷（化名）通过QQ聊天的方式进行的。

想自己看，不想让你看。我只举这样一个例子。就我了解的一个极端现象：我同学他们宿舍的室友，一本好的书会锁在柜子里，而不会放在书架上。已经扭曲到这种地步了。

　　一旦学生把彼此当成竞争对手，相互提防就不可避免，竞争就会陷入恶性竞争的怪圈中，甚至引发肢体冲突。

成绩好会被人嫉妒①

　　成绩好会被人嫉妒，甚至有的人会找你麻烦。邻村的一位同学王蒙（化名），曾经成绩第一名，但他考第一名时，我当时成绩也很好。开始我们的关系还不错。但后来，我的成绩是稳步上升，逐渐成为第一名。而他的成绩却是一步步下滑，原先聚集在他旁边的同学，逐渐聚在了我的身边。……班里的竞争还是蛮明显的。记得有一次，我们班级几个小干部轮流值班，负责班里的纪律。而每当我值班的时候，总有他的几个死党捣乱，甚至明确说出来，"你值班的时候，我们就捣乱"。碰见不讲道理的人，我也没办法。我也知道，是我的成绩进步，让他逐步丧失之前的光耀。学习是持续地充满挑战，面对挑战，我一直比较专注地迎接挑战。王蒙（化名）的学习状态自然没有办法和我比，我仅关注学习自身，没关注其他人的感受和看法。我在意的是自己可以学得更好。这样全神贯注于学习本身，可能在外人看来，我就显得不食人间烟火。后果就是，终于在五年级快毕业的时候，因为一件小事王蒙（化名）和我吵起来，还扬言打我。

　　以成绩为核心评价方式的教育体制，会让学生形成错误的目标追求，比如同学之间会为了成绩所带来的外在利益而恶意竞争，甚至伤害他人。成绩固然重要，但应教会学生，不伤害他人应该是教育底线。进化论式竞争法则，诸如适者生存、优胜劣汰，以及这种

---

　　① 资料来源：节选自中国中部地区某重点大学生张峰（化名）提供的教育传记文本材料。

竞争带来的"马太效应"会让所有学生迷失心智。进化论式的竞争会耗尽每个学生心中的美好和善良。

帮着审查我的试卷①

很多学生他们一方面觉得你成绩好，经常试卷发回来之后，他们会拿我的试卷去看，看老师有没有批错的地方；另一方面又总是要跟我说，读书好有什么用啊。其实，我那时候也是处于一种矛盾的心理，一方面会认真学习，觉得作为学生我不读书还能干什么呢；另一方面也会在心里默默地想，读书好有什么用。

"学习好有什么用？"，在上面的情境中，实际上是源于他人的嫉妒。但抛开具体的情境，当个体开始独自思考"学习好有什么用"，就说明个体之前没有认真思考学习的意义。

第五节　学生对精神或心灵层面安全感的寻求

一般而言，学生精神或心灵层面的安全感，是指学生对人生意义和价值的自主寻求。一般在个体处于自主状态下，它才会出现，因为它建立在个体的丰富经历或极强的反思能力基础之上。

学生经过应试选拔制度的极大压制之后，到了大学阶段他们突然获得学校给予学生的大量选择自由。这种转变使一些学生无所适从，因为他已经习惯了被灌输被安排。没有自我意识就没有选择欲望，没有选择欲望就不会有选择经历，没有选择经历就不会有选择智慧。当然智慧的获得是一个漫长的过程。大学阶段的教育是将学生看作拥有自由选择权利的成人，他们拥有相应的法律权利和义务，以及道德义务。大学没有权力限制学生的人身自由，也没有权

---

① 资料来源：节选自中国东部地区某重点师范大学生林妙（化名）提供的教育传记文本材料。

力体罚学生。然而，学生由高中跨入进入大学阶段，他们的自我选择和规划意识不是突然就会跃迁，它需要过程，同样需要付出代价。也许学生大学初期的迷茫和盲从就是代价。

以下的描述都是出自考上大学的所谓"胜利者"的"困惑"。

一、胜利者的困惑

我的高中教育是失败的。……那段苦闷的日子，我一直在追问，接受教育的意义何在呢？我有太多想不明白的地方，可能年少轻狂吧。终于来到了大学，来到了老师们口中吹捧的大学，却发现，竟然如此：上课和小学差不多，（教师）只管讲完，（然后）转身就走；一个教室接一个教室不停地换，平时高中的拔草活动，变成了大学的团体操；学生会依旧唯老师是从，看不出半点学生自治的样子，内部依旧是一样的黑，比社会能稍微好那么一点。这不是我想要的教育。但是还好有图书馆，唯一让我安心的地方。①

学生认为，高中教育是失败的，原以为进入大学之后会好一些。但进入大学反而更加令人失望。其中原因，虽然与上大学前老师和家长的虚假宣传相关，但学生自身原因则是其学习动机和学习态度的不成熟，造成他们虽然反抗强制的学生管理制度，但又离不开这种强制制度。

进入大学以后，学习上完全松散下来。会去上课，但是也不一定会好好听课，经常会玩手机。因为课后没有作业，所以下课以后基本上都不会学习，大部分时间用于玩手机、看剧。期末考试基本上提前几天突击一下就好了。但就是以这种状态，我大一的成绩排名在班上是第一，完全超出了我的想象。大一评奖学金的时候，以我的成绩和综合素质排名可以评上一等奖学金，但是因为我没有参

———————————

① 资料来源：节选自中国中部地区某大学生李琼（化名）提供的教育传记文本材料。

加学生会和社团活动，所以不能参加评选，只能评一个学业优秀奖学金。那时候我觉得这种制度特别不公平、不合理，所以非常反感。就有点赌气，说我不屑要一个学业优秀奖学金，就不去申请。但是班主任后来又专门给我打电话，劝我申请一下等，反正后来也不用申请就给我发了。这个事情又让我觉得大学里学习成绩没有什么用，开始质疑大学里学习的意义和价值。因为这个专业也不是我特别喜欢的，并没有什么兴趣。所以那时候就更不愿意去学习了。①

学习意义和价值的缺失造成学生个体精神或价值层面安全感的缺失。大家都不怎么努力的情况下，一些学生稍微用心些就能获得较好成绩。倘若不存在奖学金等外在目标的"诱惑"，学习或社会实践活动的动机又是什么？又有多少学生会陷入"意义危机"之中？

大学生好像具有无限的自由：可以不去上课、可以不睡觉、可以无限制地打游戏。只要你愿意这样，总能找到同学给你打掩护。只要你不出问题，不违反法律，不触碰底线，就没人管你。大部分学生由于缺乏自我规划能力，大学的散漫自由消磨掉了他们的精神。当然，他们考各种证书也很盲目，都是随大流考的。大学老师每周讲一两次课，由于教师授课能力有限，学生出勤率一半就很不错。去了的同学甚至还有睡觉的。师生之间无论情感距离还是物理距离都很远，更不说传道授业解惑了。②

在无限自由里，学生就像茫茫大海里的一叶扁舟，随波逐流。任何个体当其生活感到意义和价值空虚时，都需要一种积极向上的力量引导。这种力量可能源自同辈群体、教师群体或信仰对象。大学教育阶段，教师对学生的引导无疑是最重要的因素。然而，每周寥寥无几的接触频率，疏远了师生之间的情感距离和物理距离。

---

① 资料来源：节选自中国东部地区某重点师范大学生林妙（化名）提供的教育传记文本材料。

② 资料来源：节选自中国中部地区某重点大学生张峰（化名）提供的教育传记文本材料。

很多老师从小给我灌输的一些"要不停地好好读书，不读书就没有好出路"的一些观念，甚至是一些让我们去死读书的观念。这让我挺不喜欢的。让我时常觉得，这些导致长大以后的我连选择的机会都没有了。我小时候其实很喜欢画画、跳舞、朗诵，也一直很想去学钢琴和古筝，可是老师和父母总是逼得我只能去学习，一定要去学习。到现在我甚至觉得我好多天赋都给抹杀了，……应试教育的产物的我，已然丧失了对艺术应有的热爱。……我从小就不知道艺校的存在，以为所有人都是读小学、初中、高中、大学这一条路的。……说起来也确实挺讽刺的，等我长大了有能力选择的时候，我的未来就已经被确定好了：毕业之后找工作、好好赚钱养家、生儿育女……一辈子就这么完了。如果我小时候有和在大学学通识课一样的机会去接触各种我喜欢的东西，好好地发现和运用我的天赋，我觉得我就绝对不可能坐在这里寻求各科平衡综合发展了。应试教育产物的我连自己喜欢什么、有什么强项、以后该何去何从都感到这么迷茫。①

此时个体对自我、对未来迷茫的原因是什么？如上述学生反思的那样，如果大学之前就有通识教育课程存在，学生的眼界就不会那么闭塞，选择就不会那么单一，学习的意义和价值就不会那么贫瘠。也许制定小学中学大学贯通的通识教育体系，给发展中的学生更多机会去选择多样化的课程，去面对自我、面对世界、面对人类文明。学生在自我发展过程中就会拥有更多的智慧资源，去迎接人生的挑战，去面对身体、关系和精神上的不安、彷徨和空虚。

二、教育生涯给我了什么

在教育自传模板中，笔者设计"教育生涯给了我什么"这一个

---

① 资料来源：节选自中国东部地区某大学生尚芳（化名）提供的教育传记文本材料。

主题，意在考查学生对学校教育生涯的感受。学生的回答却局限于可见的、功利的层面，而精神层面的意义和价值却被忽视。教育生涯就是学生走上社会的预备期。倘若学生获得的仅仅是可见的、功利层面的东西，而内在于学生心灵的意义、价值甚至信仰却一片空白，那么当其走上社会就会再次迷失于人生的空虚之中。即意义和价值层面的不安全感会持续其一生。

　　知识。说到知识，我一直比较困惑。学校塞给我们的知识到底有什么用？特别是对学生当下的生活。知识的传授过程远离学生的生活体验，学生获得的是虚假的知识，这些知识基本上与学生的真正成长没有关系。应试取向造成我们获得的知识仅仅是结论告知，快速积累，教师忽视学生知识获得的内在动机、具体过程，忽视学生在获得知识的真实体验。这些知识，毫无疑问会压制学生的真正成长。然而，学生真正所缺乏的知识，学校教育无视、甚至忽视。学生真正感兴趣的知识，诸如心理健康知识，其中如何度过青春期、如何缓解心理压力、如何面对同伴竞争与合作等，学校教育是不重视的；如何走向独立和自由、如何获得艺术素养、如何面对人生挫折等，在整个教育体制中是比较忽视的；而最近才受关注的性教育，即使现在，能进入课堂的也寥寥无几，我们经历的现代教育对此几乎是无视的。①

　　外在的知识要内在于学生生命，才会真正转变为学生个体安全感的支持性材料。学生身心发展过程中与如何处理个体困惑、苦恼等密切相关的知识，无疑对学生个体安全感的获得是很重要的。

　　能力。知识的获得并不保证能力随之提升。原因在于，只有技能型知识才能转变为能力，而在基础教育阶段技能型知识的传授比较匮乏，即使涉及也仅为皮毛；而基础能力诸如语言能力、动手能力、思考能力等，却最终被应试能力代替。……若学生没有获得进

---

　　①　资料来源：节选自中国中部地区某重点大学生张峰（化名）提供的教育传记文本材料。

入大学的机会，进入社会后，毫无疑问无法面对真实的生活挑战。①

能力因素对学生整体安全感的获得起着非常重要的作用。但是，在应试取向的教育竞争体制环境下，学生的多元化能力发展被窄化为应试能力发展，能力的高低表征为获得的成绩高低、奖励多少、考入什么样的大学等。而独立思考能力、自主生活能力的发展却受到了限制。在此状况下，即使学生应试能力能够满足此阶段的安全需要，但长远来看此能力层面安全感的结构对个体整体安全感的变迁存在不利影响。

当然，也有学生能够认识到大学教育和基础教育的差异，经过一系列的反思，对大学期间的苦闷和痛苦的认识有了不同的看法。

大学像一座宝藏矿山，想挖到宝藏的人总会不断地付出，从而不断地采挖、收获。我是个比较执着的人，一旦认定了的就一定要坚持实现。挫折也好，苦闷也好，都是人生必须经历的，没有谁能够逃脱，没有痛苦就没有新生，就没有更高层次的解脱，也就成不了一个完整的人，可以说正是挫折与苦闷造就了世间不朽的伟人。我不期望成为一个"伟人"，但是渴望自己能够不断地进步，成为一个完整的人。②

学校教育的目的应该是"培养完整的人"，这与学生自身的渴望"成为完整的人"是一致的。但就个体发展而言，在什么意义上个体可以称得上是完整的？可能不同的视角有不同的答案，但是当个体拥有完整意义上的安全感时，个体自己或许就会觉得自己是"完整的人"。

我觉得，高中的生活对于小学、初中的生活来说是最有意义的。在高中，我找到了继续努力与不断地向前的意义。我无法说我在高中具体学到了什么，我只能说它对我的意义真的非常的大。③

---

① 资料来源：节选自中国中部地区某重点大学生张峰（化名）提供的教育传记文本材料。
② 资料来源：节选自中国中部地区某大学生徐梅（化名）提供的教育传记文本材料。
③ 资料来源：节选自中国西部地区某大学生王燕（化名）提供的教育传记文本材料。

第六节　本章小结

　　本章通过对学生安全感主题的教育传记文本的分析，将学生教育体验中感到不安全的因素分为身体层面、物质层面、关系层面、精神或心灵层面。当然，考虑到身体作为个体安全感的起点，本章将学生身体层面唤起学生不安全感的因素进行重点分析，主要包括：第一，外在的威胁造成的身体伤害，诸如体罚与打架；第二，身体的缺陷、疾病或不完美导致的不安全感；第三，身体的变化导致的敏感性：诸如青春期的初中高中学生对身体的刻意关注。研究发现，在应试选拔取向的教育体制背景下，学生对身体层面的安全感的需求在小学阶段之前处于不敏感阶段，小学阶段由于遭受体罚或打架开始敏感，在青春期阶段的小学末期和初中阶段特别敏感，高中阶段除了个别学生身体遭受疾病困扰处于持续敏感阶段，其他学生由于生长发育完成、身体机能提升，体罚现象减少，于是将注意力转移到对成绩的关注上，身体层面的个体安全感需求处于不敏感阶段。物质层面的个体安全感，本章将物质因素细化并限定在家庭经济环境和学生成绩两个因素上。研究发现，家庭背景唤醒的个体的不安全感主要处于学生接受学校教育起始阶段（小学入学）和末尾阶段（大学阶段），主要原因在于身份转变唤醒了学生个体对经济差异的敏感性。在由孩子到学生的首次身份转换时，孩子看到自己与别的孩子经济背景的差别；应试选拔教育背景的结束，中学生变成大学生，学生关注的重点不再是成绩，而是生活水平的差异，这种差异再次唤醒学生的不安全感。成绩所唤醒的学生个体不安全感的状况持续在整个基础教育阶段。

　　关系层面的安全感，本章主要限定在师生关系和学生关系两种关系结构中。研究发现，师生关系对学生的关系层面的安全感影响较大，特别是在小学初中阶段。可能原因是，在应试选拔教育背景下，所调查的学生自身本来就是竞争胜利者，自身拥有建构师生关系的主动权，自然能够获得教师的青睐。在高中阶段，随着竞争加剧，大部分学生不能获得教师的关注，学生关系的重要性增加。在大学阶段，大学期间的师生关系更加不稳定，随着学生的独立能力增加，学生个体倾向于在社团和兼职中建立人际关系。

本研究认为学生个体精神或心灵层面的安全感，学生在自由状态中才会主动寻找，即主要在大学阶段。这个层面的安全感与学生自我成熟密切相关。安全感和自我成熟在此交汇。这也启发教育者引导学生精神或心灵层面的安全感的发展与自我成熟的方向要一致，否则会导致学生自我发展的停滞或倒退。

学生个体的安全感，在某种意义上说是由个体认知建构的。因此，在竞争选拔背景下，我们不但要禁止体罚，还要给处于青春期阶段的学生以积极的认知引导；另外要引导教师和学生超越竞争，积极建构良善的师生关系和学生关系。

第四章

相关学科视角下的自我发展
理论及教育学科的探索

本章从哲学、心理学等相关学科视角审视了自我发展理论，提出了教育学视角下的学生自我发展的阶段性理论：自我发展的人性跃迁理论。自我发展的人性跃迁理论揭示了自我发展的四个阶段及其发展动力。最后，研究指出了在教育场景下如何创设更好的教育生态来保障和促进学生的自我发展。

第一节　哲学上的审视：自我发展
阶段和影响因素

一、丹尼尔·沙拉汉：自我发展的三个阶段

自我，不仅包含个体身体层面的物质因素，还包括某一具体文化中的相关知识、道德、伦理等因素。它是一个以物理自我为基础，持续不断地利用文化要素进行文化建构的复杂概念。由于文化的多元化和个体的差异性，在事实上文化建构自我的结果多种多样。尽管如此，从整体来看人类个体自我发展的阶段特征在人类历史中仍然有规律可循，即使个体自我的未来发展充满着永恒的不确

定性。

捷克学者丹尼尔·沙拉汉（Daniel Shanahan）通过对西方历史中个体自我发展谱系的研究，认为，在西方历史中个体自我发展存在三个阶段，即模拟自我阶段、外在授权自我阶段和内在授权自我阶段，并假定"追求真理是彻底的人类个体事务，个体是真理的最终裁断者"是个体主义思想的核心根基。①

在《个人主义的谱系》（*Toward a Genealogy of Individualism*）行文中，在"模拟自我"概念之前，还出现了"古代世界的自我"的概念。它指的是在西方传统的最早阶段，个体可能沉浸在非主体的经验当中，没有任何具体化、空间化的自我概念，他们没有今天意义上的自我意识。

"模拟自我"指的是在古希伯来人和古希腊人那里，由于社会变迁、人类大脑的变化或者二者与其他因素共同作用，已经出现一种"analogy I"，即"模拟自我"。"模拟自我"在个体自我和他人之间充当了一个缓冲器，它意味着个体或群体主体意识的出现，其代表了从沉浸于自身的生理体验的状态向主体性状态的转变，这使个体根据体验来反思自身成为可能，自我于是成了反思发生的场所。逐渐地，个体自我不再依靠外在的神明，而是依靠自己来承担责任。②

基督教中"外在授权的自我"，指的是基督教废除了犹太教传统的律法主义倾向，使得人和神的沟通成了心理上的而非身体上的过程，成为内在的而非外在的过程。基督教所具有的出世特征和个体化特征都促进了个体自我的成长。最关键的，基督教的"道成肉身""本体统一的德性教义"使个体自我出现超越性的层次，即"外在授权的自我"。"外在授权的自我"，即自我获得个体的精神性以及判断是非的权力。尽管这种权力并不是来自自身，而是来自

---

① ［捷克］丹尼尔·沙拉汉. 个人主义的谱系［M］. 储智勇，译. 长春：吉林出版集团，2009：18－20.

② ［捷克］丹尼尔·沙拉汉. 个人主义的谱系［M］. 储智勇，译. 长春：吉林出版集团，2009：32－33.

基督教的上帝。"外在授权自我"已经占据了精神的主动权，其可以在人神沟通中实现精神的超越，从而使个体变得更加完全①，而不像"模拟自我"只是在已经客观化和具体化的法典中做出选择。

"内在授权的自我"指的是宗教改革使自我摆脱了"真理是从某种超自然的根源里产生"的观念，慢慢接受了"自我本身就有对关于真理的终极问题进行裁断的能力"的观念；宗教改革使个体自我的道德判断完全主观化了，并且授权自我做一切决定。

二、查尔斯·泰勒：道德空间中自我发展理论

我们的认同是某种给予根本方向感的东西规定的。②

查尔斯·泰勒（Charles Tayler）认为，心理科学中的"自我"概念存在一个致命的缺陷。"自我被理解为认识的对象……自我认同是一个自我意识问题。但是，自我只能是存在于道德问题空间中的某种东西……是对其自身意义重大的对象的见解。心理科学用中性的概念定义自我，脱离了所有本质的意义或价值框架。"③ 自我不是中性的、点状的对象，自我通过对某些对象的关注，存在于特定的问题空间之中。④ 自我是用文化持续不断地建构过程，是在最本质的道德空间中建构，而善指引着建构的方向和提供基本的意义。善是构成道德空间的框架。⑤

---

① ［捷克］丹尼尔·沙拉汉. 个人主义的谱系［M］. 储智勇，译. 长春：吉林出版集团，2009：39 – 40.

② ［加拿大］查尔斯·泰勒. 自我的根源：现代认同的形成［M］. 韩震，等，译. 南京：译林出版社，2008：39.

③ ［加拿大］查尔斯·泰勒. 自我的根源：现代认同的形成［M］. 韩震，等，译. 南京：译林出版社，2008：72.

④ ［加拿大］查尔斯·泰勒. 自我的根源：现代认同的形成［M］. 韩震，等，译. 南京：译林出版社，2008：73.

⑤ ［加拿大］查尔斯·泰勒. 自我的根源：现代认同的形成［M］. 韩震，等，译. 南京：译林出版社，2008：35.

所谓道德空间，查尔斯·泰勒认为，可以通过三个问题加以讨论。

第一个问题，"我是谁？"，即确定什么对我们而言是至关重要的。当然，知道"我是谁"就是知道我站在何处，所处于什么样的意义和价值框架之中。在这种框架和视界内我能够尝试在不同的情况下决定什么是好的或有价值的。① 这种自我价值或意义认同……就是在道德空间中有方向感。② 与善、意义、价值关联是人类最基本的渴望之一，我们在道德空间中处于何处，对我们而言必定是至关重要的。③

第二个问题，"我们正走向何处？"。我们从婴孩成长为自主的个体很缓慢，但我们要从根本上确定并确信自己与善的关系，尽管这种确定和确信在个体成长过程中不断地遭遇挑战，甚至遭到潜在的修正。但问题的关键不是我们在道德空间中处于何处，而是我们正走向何处？由于没有方向我们就无从趋向善，……为了使我们的生活有最低限度的意义，为了拥有认同，我们需要向善的力量。④

第三个问题，"我如何到达那里？"。当"我们是什么"这一问题转换成"我要成为什么"之后，"我如何到达那里"便自然出现。对此问题的解决，靠的是我们自身真正趋向于善进行的努力和尝试，在这一过程中，我们会逐步理解什么是真正塑造道德的因素。⑤

---

① ［加拿大］查尔斯·泰勒. 自我的根源：现代认同的形成［M］. 韩震，等，译. 南京：译林出版社，2008：35.
② ［加拿大］查尔斯·泰勒. 自我的根源：现代认同的形成［M］. 韩震，等，译. 南京：译林出版社，2008：37.
③ ［加拿大］查尔斯·泰勒. 自我的根源：现代认同的形成［M］. 韩震，等，译. 南京：译林出版社，2008：39.
④ ［加拿大］查尔斯·泰勒. 自我的根源：现代认同的形成［M］. 韩震，等，译. 南京：译林出版社，2008：68.
⑤ ［加拿大］查尔斯·泰勒. 自我的根源：现代认同的形成［M］. 韩震，等，译. 南京：译林出版社，2008：70.

正是通过这三个问题，为自我的发展提供了基本框架，在这个框架之中，"善"提供了自我发展的原料和原则，即用"善"建构"未来的我"，用"善"的方式趋向于"未来的我"。自我的存在，本质上与我们对善的理解相联系，而且我们从中获得自我性质。①

基于以上论述，查尔斯·泰勒认为，个体自我是在三个基本问题所构成的道德空间中发展；"善"作为道德空间的最高价值，为个体自我发展提供原料和原则；个体在道德空间中的发展状况是判断自我形成（成熟）的重要标准，甚至可以用个体道德发展阶段来表征自我成熟的程度。

第二节 心理学中关于自我发展阶段的研究

个体在通往自我认知和自我发展的路上，文化因素是第一个路标。文化在塑造我们的社会特性上所起的作用最为明显。文化期望也影响着人们的自我观念。②

一、自我认知和道德发展的阶段理论

（一）让·皮亚杰：认知发展阶段理论

让·皮亚杰（Jean Piaget）认为，人类个体的认知发展需要经历一系列阶段。每个阶段都有其理解世界的独特方式。

1. 感知运动（事物、活动）阶段（0～15 个月）

此阶段的主要特点是个体"极端的自我中心"，个体完全以自

---

① ［加拿大］查尔斯·泰勒. 自我的根源：现代认同的形成［M］. 韩震，等，译. 南京：译林出版社，2008：76.
② ［美］乔纳森·布朗. 自我［M］. 陈浩莺，译. 北京：人民邮电出版社，2004：43－44.

己的思想和感觉为中心。这个阶段可以称为前表征阶段。这个阶段的个体需要发展他的表征思维能力。表征思维能力是指个体对人、地点和事件进行心理表征的能力，此能力使个体可以考虑当前没有发生的事件，思考当前并没有看到的人和物体。

2. 前运算阶段（15 个月至 6 岁）

这个阶段的个体依然比较"自我中心"，但他们已经发展出抽象思维能力了，诸如用符号表征物体。这种能力大大加速了个体对人类语言的获得。

3. 具体运算阶段（6~11 岁）

这个阶段的个体在时间、空间和数字上的思维变得越来越具有逻辑性，开始明白"相等"的概念。

4. 形式运算阶段（11 岁及以后）

个体能够思考假设的事件和情境。例如"我若做了这件事会有什么后果？"。这个阶段的儿童也能够有效运用归纳推理和演绎推理。这些认知技能可以让个体摆脱"自我中心"，因为他们此时能够想到他人对事件的看法可能与自己不同。

让·皮亚杰的个体自我发展阶段理论主要侧重于个体认知能力对于自我发展的影响。但是该理论却没有论述文化资源是如何在心理机制的基础上转化成个体自我发展的原料的。

（二）劳伦斯·科尔伯格"道德认知判断发展阶段理论"

1. 理论渊源

（1）让·皮亚杰对劳伦斯·科尔伯格（Lawrence Kohlberg）的影响深远。劳伦斯·科尔伯格的"道德认知判断发展阶段理论"，正是在让·皮亚杰"个体认知发展阶段理论"学说基础上不断地完善，最终确立起来的。比如让·皮亚杰"他律""自律"概念被劳伦斯·科尔伯格融合到"道德认知判断发展阶段理论"中"三水平六阶段"的分析框架中。

（2）劳伦斯·科尔伯格的道德哲学思想受到了苏格拉底的影

响。苏格拉底对话式的教育方法也被劳伦斯·科尔伯格内化到自己的道德教育理论当中，并探索出"道德两难讨论法"这一新型道德教育模式。① 另外，劳伦斯·科尔伯格还继承了苏格拉底"知识即美德"的理性传统，认为，理性的个体对善的追求是自然和主动过程。因此，道德认知能力特别是道德判断能力的发展是个体自我道德发展的关键。

2. 基本观点

（1）个体道德发展要经历"理性化历程"② 和"社会化历程"③。道德发展是道德认知与社会互动的结果。德性理性化过程是个体形成道德认知并逐步发展的过程，其以逻辑思维作为必要条件，道德判断是道德认知发展的关键。④ 另外，劳伦斯·科尔伯格还认为，个体的德性发展还须以个体的社会认知为前提，即个体必须经历一个社会化过程，形成自己对他人和世界的认识。⑤ 个体正是通过不断地整合自己与他人的道德认知与社会认知的经验，通过对群体标准的不断反思与自我判断，建构自己的道德观念与评价过程，从而实现道德上的发展和逐步成熟。⑥

（2）个体所处的道德发展阶段是个体思维逻辑发展的结果。要理解阶段的概念，首先要弄清楚它们与智力阶段和道德行为的关系。道德推理是一种推理。高级的逻辑推理是高级的道德推理的前

① 张慧. 公正德行的培养：劳伦斯·科尔伯格道德教育思想研究［D］. 上海：华东师范大学硕士学位论文，2013：7.

② "理性化历程"是一种"明善"过程。"善者已明"则依善以行。不"明善"便是罪恶，亦是罪恶之渊源。

③ "社会化历程"是一种"社会互动"和"建设社会化自我"的过程，是增加对人发生关系的能力。

④ 何瑾. 试论科尔伯格道德发展阶段理论与德育思想［D］. 上海：华东师范大学硕士学位论文，1988：5.

⑤ 何瑾. 试论科尔伯格道德发展阶段理论与德育思想［D］. 上海：华东师范大学硕士学位论文，1988：39.

⑥ 何瑾. 试论科尔伯格道德发展阶段理论与德育思想［D］. 上海：华东师范大学硕士学位论文，1988：6.

提。因此，一个人的逻辑思维阶段在某种程度上限制了他所能达到的道德阶段。① 道德发展阶段是思维逻辑发展的结果。劳伦斯·科尔伯格指出，道德行为不仅受到个体道德判断与道德概念的发展水平的影响，还受到"自我能力"的影响。②

（3）个体道德认知判断发展存在"公正结构"。公正作为普遍的伦理原则贯穿他的道德教育理论。③ 公正既是道德教育的核心价值也是其最终目的。④ 劳伦斯·科尔伯格对个人公正的定义采取的是康德式的观点，即"把每一个人视为目的而不是当作一种工具。"劳伦斯·科尔伯格认为，道德领域存在着冲突情境，在这种冲突情境中的角色承担方式决定着界定不同阶段的道德判断和道德选择的标准⑤。所有这些形式基本上都包含了一个具有彼此期望的自我之间寻求平等和互惠的共同结构：公正结构，即人与人相互作用的结构。⑥

因此，劳伦斯·科尔伯格研究的道德阶段实质上也就是个体关于公正判断的六个阶段，其道德发展的目的指向公正。⑦

3. 个体道德认知发展中关于公正判断的三种水平六个阶段

水平 I：前习俗道德水平。处于这一水平的个体对文化规则中的善恶是非观念十分敏感，但却是根据行为的实质结果或权利来解释规则的。

---

① 何瑾. 试论科尔伯格道德发展阶段理论与德育思想 ［D］. 上海：华东师范大学硕士学位论文，1988：10 - 11.

② 何瑾. 试论科尔伯格道德发展阶段理论与德育思想 ［D］. 上海：华东师范大学硕士学位论文，1988：10 - 12.

③④ 张慧. 公正德行的培养：科尔伯格道德教育思想研究 ［D］. 上海：华东师范大学硕士学位论文，2013：8.

⑤ 张慧. 公正德行的培养：科尔伯格道德教育思想研究 ［D］. 上海：华东师范大学硕士学位论文，2013：15.

⑥ 张慧. 公正德行的培养：科尔伯格道德教育思想研究 ［D］. 上海：华东师范大学硕士学位论文，2013：16 - 17.

⑦ 张慧. 公正德行的培养：科尔伯格道德教育思想研究 ［D］. 上海：华东师范大学硕士学位论文，2013：18.

阶段一：惩罚与服从阶段。

个体采取自我中心的观点，不考虑他人利益或认识不到行为者与他人利益之间的区别，更不能把这两者联系起来。个体依据物质后果来裁判其行动，把自己观点和权威者观点相混同。

阶段二：个人的工具主义目的与交易阶段。

个体采纳的是一种具体的个人主义观点，认为，每个人都是根据自己的利益来行事，所以对是相对的，个人只有通过等量的公平交换来满足各自需要，整合各种冲突。

水平Ⅱ：习俗道德水平。这时个体已内化现行社会规则，即认为规则是正确的，能顺从现行社会秩序、且有维护这种秩序的内在愿望与行为。

阶段三：相互性的人际期望、人际关系、人际协调阶段。

本阶段的个体采纳的是人际关系中的个人观。他意识到人所共同享有的情感、协议和期望高于一般的利益、按"金箴"即从动机和感情来评定行为，希望维持和谐的关系，但没有普遍性的"制度"。

阶段四：社会制度与良心维系阶段。

本阶段个体根据自身在制度中的地位来确定角色、规则和人际关系，强调尊重权威，维护普遍的社会秩序，否则就内疚。

水平Ⅲ：后习俗与道德原则水平。在本水平中，道德决策取决于平等社会中全部成员一致认可的那些权利、价值和原则。

阶段五：至上的权利、社会契约阶段。

本阶段的个体采纳了一种超前的社会观，认为，如果法律不适合于社会，可以通过协商来改造，往往从人类价值上判断是非，但又力图通过契约来整合各种观点，因此处于遵守法律与维护自由和生命价值的矛盾冲突之中。

阶段六：普遍性伦理原则阶段。

本阶段的个体建立了一种用于社会治理的道德观。这是任何懂得德性本质、懂得尊重"人是作为目的而不是手段"这一基本道德前提的理性者所采纳的观点。劳伦斯·科尔伯格认为，正是个体形成这种抽象的，超越法律的普遍公正的原则，才使他获得生活的最大适应性，领悟到人生的真谛。

劳伦斯·科尔伯格的道德认知发展阶段理论，有着深刻的西方文化印记，并讨论了在西方文化背景中最为重要的文化概念即"公正"对个体自我（道德）发展的影响机制。自我发展是文化整合和建构的结果，以生理和心理发展为基础，但其远远超越生理和心理发展的限度。劳伦斯·科尔伯格开创了文化建构自我（发展）之研究的范例。然而，在任何文化背景中，"公正"这一社会性价值虽然都很重要，但其重要程度却有很大差异。比如儒家文化背景下，相比"公正"这一社会性价值，"和谐"更具有价值优先性。同样，在儒家文化背景下，"和谐"对自我发展的文化建构程度远远大于"公正"。

另外，在西方文化背景下，"公正"并非仅仅作为社会性价值指导个体自我与他人的关系，而且还作为"神圣性价值"，即"上帝是公义的存在"，来指导个体处理自我与社会他者以及绝对他者的关系。但是，劳伦斯·科尔伯格的理论中并没有提及"公正"作为"神圣性价值"的存在形态。因此，劳伦斯·科尔伯格的道德认知发展理论具有也具有局限性。

同时，已有研究也启发后来的研究者要关注文化背景中的一系列核心价值，要从中区分个体性价值和社会性价值，并且要注意在建构自我发展过程理论时如何处理好从个体性价值向社会性价值的过渡。

二、自我信仰发展的阶段理论

美国心理学家、神学家威廉·福勒（William J. Fowler）在其专著《信仰的阶段：人类发展的心理和对意义的追寻》（*Stages of Faith: The Psychology of Human Development and the Quest for Meaning*）中，通过采访 359 名不同年龄、不同种族和宗教信仰背景的男女，构建了独特的个体信仰发展阶段理论。① 在其信仰发展阶段理论中，将个体信仰发展分为以下阶段：

未分化的信仰（婴儿）阶段。未分化的信仰是一个前阶段，积极情绪（爱、信任）的萌芽在形成，应付各种婴儿环境（遗弃、抛弃等）的担心。随着语言的获得，过渡到第一个阶段的出现。

阶段一：直觉的投射信仰（儿童早期）。儿童可以受宣传的信仰的永久影响。思维模式是不受理性思想约束的、流动的和充满想象力的。性别和死亡的第一个意识在这一阶段出现。

阶段二：神话的文字信仰（学龄期）。儿童开始获得信念、故事和自己社区的仪式象征。儿童学会了怎样接受他人的观点和怎样来往。

阶段三：综合的习俗信仰（青春期）。一个人的经验延伸到家庭之外。由于涉及学校或工作、同伴、媒体，以及或许还有宗教，信仰的作用是要综合价值观和不同来源的信息，以及形成统一感和对生活的观点。尽管这一阶段出现在青春期，但却成为许多成人的永久停止点。

阶段四：个性的反思信仰（成人早期）。自我不再由他人的观点和自己的社会角色构成，而是自我的自我同一性不再与他人相同。个体把象征转化成意义，并试图消除神话。这是一个对自己的同一性和思想意识进行关键性反思的阶段。在此阶段，个体向更深层次的自我开放，开始矫正和重新塑造自己的过去。克服非此即彼的对立思维，走向辩证统一。②

阶段五：联合的信仰（中年和中年后期），又被称为"第二次天真"时期。人类对正义的忠诚已经摆脱了种族、阶级和宗教的局限，能够接受不同群体和不同阶层的传统价值观念和人类积累的智

① 韩媛媛. 浅析福勒信仰发展阶段理论与价值［J］. 黑河学刊, 2011（11）：1-3.
② ［美］约翰·马丁·里奇, 约瑟夫·L. 戴维提斯. 道德发展的理论［M］. 姜飞跃, 译. 哈尔滨：黑龙江人民出版社, 2003：116

慧的不同表现形式。①

阶段六：普遍化的信仰。个体不再以封闭的社会作为价值的中心，也不再信奉众多的价值体系中的唯一的真理，而"以存在的原则作为价值的原则"，提倡人类与世间万物相互包容和谐共处。普世的信仰要求人们颠覆现有的生存结构体系，与不同的物种达到统一，忠诚于生命本身，超越人类自恋情结，热爱所有的"存在"。②

威廉·福勒的"个体信仰发展阶段理论"比劳伦斯·科尔伯格的"个体道德认知发展阶段理论"更具有包容性，同样展示了个体信仰（信念）如何从自我转向他人并升华到"普遍"或"存在"阶段的。然而，受限于研究对象的文化单一性，其研究结论都只适合于具有基督教文化背景下的个人和群体，不能推广到其他信仰文化背景中。因此，建构某一具体文化背景中个体自我发展的理论是个体自我发展理论未来的发展趋势。特别是在学校教育环境中，建构具体的学生自我发展理论更显得迫在眉睫。

第三节 自我发展理论的视域转换：从他学科转向教育学研究

一、自我研究的复杂性

从人类个体自我意识出现，关于自我的论断就反复出现在各种文明的历史典籍里。实质上，个体自我是承载和传承文明的基础。文明就是由三组关系构成的问题演化过程，即个体与自我的关系，个体与他人的关系，个体与世界的关系。对三组关系的解答构成了文明的核心内容。只要人类文明持续，关于自我的思考就不会结束，也

①② 韩媛媛. 浅析福勒信仰发展阶段理论与价值 [J]. 黑河学刊，2011（11）：1 –3.

不会有最终的结论。

从上文中关于个体自我发展相关理论的分析可以看出，哲学分析或道德哲学的假设与验证性研究，具有非常大的局限性，即：逻辑演绎式的哲学分析只能限于自我中较为恒定的部分，诸如精神现象学中的自我意识机制，但这种分析方法带有局限性，即单一视角下"盲人摸象"，就像一束光打在黑暗里；然而自我意识机制绝非造成个体自我差异的单一原因；心理科学中关于自我形成机制诸如"镜像自我"的分析，它只适合在特定情境中自我发展的初始阶段，即自我向自我之外看的这一过程（或阶段）；文化史上关于某一人类群体历史中自我演变的分析，只能是文化事实地再梳理而很难产生新知识，它只告诉人们"自我"是什么，而很难告诉我们"自我为什么那么演变"，更难告诉我们"自我应该是什么"和"达至未来之理想自我的途径"。

二、自我发展具有阶段性

个体自我发展具有阶段性，劳伦斯·科尔伯格和威廉·福勒都从某一个方面向我们展示自我发展的一个面向。劳伦斯·科尔伯格注意到了个体的认知逻辑能力是个体道德判断能力发展的基础和前提，并据此划分个体道德发展的某一阶段（比如形式运算能力与道德发展的工具主义阶段的关系）。但个体道德认知远不止对"公正"的判断，个体道德发展远不止个体道德认知的发展；自我发展也不止道德发展，还包括诸如对真理的渴求、个体审美境界的发展和个体对永恒事物追求等。相比较而言，威廉·福勒的人生信仰发展阶段理论更清晰一些。但显然，由于"信仰"受文化差异的限制较大，其理论的普遍性更是大打折扣。个体自我发展的阶段如何划分才更有说服力？本书从教育学的视角对此开展了进一步的探索。

第四节 教育学视角下自我发展的
人性跃迁理论探索

在教育学的学科视角下，本书提出在教育领域确定学生个体自我发展理论的四点原则。首先，以自我发展的客观统一的规律为基础，在这一基础之上确立个体自我发展的阶段。其次，充分考虑到自我所特有的文化建构性，即文化核心价值对自我具有根本性的建构作用。再次，摆脱社会习俗水平对个体自我发展阶段的限制，注重教育活动的文化建构性对个体自我发展的促进作用。最后，提倡在教育活动中建构相对完善的个体自我发展理论。

基于以上所述，本书提出个体自我发展的人性跃迁理论。

一、教育学视角下自我发展的人性跃迁理论

个体自我发展的人性跃迁理论围绕三个关系，即个体与自我的关系，个体与他人的关系，个体与世界的关系，并以此作为自我发展的线索。① 与劳伦斯·科尔伯格类似，个体自我发展的人性跃迁理论也关注道德发展对自我发展的重要作用，并以更具有包容性的道德发展词汇，即人性与自我中心来界定个体自我发展的四个阶段：前自我中心阶段，自我中心阶段、克服自我中心阶段、超越自我中心阶段。② 个体自我发展的人性跃迁理论更加强调教育活动对

———————

① 在 S. 吉利根（S. Gilligan）的关怀伦理中，个体道德发展通常被分为这样的三个阶段：关注自我的阶段，关注他人的阶段、对自我与他人关系恰当关注的阶段。本书提出的个体自我发展的人性跃迁理论也受此启发。

② 道德发展要经历三种水平。首先，行为受生理和社会冲动而激发的前道德阶段或前习俗水平；其次，很少经过批判反思但接受所属群体的行为标准的习俗水平；最后，行为受主体对终极善的思考与判断的支配。

自我发展的根本性促进作用。这与劳伦斯·科尔伯格创造的"公正团体"的道德教育模式相类似。

个体自我发展的人性跃迁的四个阶段，大致可以做如下简单的概括。个体自我的发展，从个体被孕育到娩出母体进入真实的世界就开始了。受到个体认知能力初步发展的局限，个体刚开始对自己所处世界的认知是混沌的。随着个体认知能力进一步发展，自我尝试先与外在的混沌世界分离，用自己的感官认识这个世界，并从中区分出自己和自己所处的世界。这就是个体自我发展的"前自我中心阶段"和"自我中心阶段"。在区分自己与自己所处世界的过程中，个体首先遇到"他人"。在个体的社会化过程中，个体要学会与外在的世界逐步妥协，并逐渐发展出"他者思维"，进入"克服自我中心阶段"。个体的自我发展，在"超越自我中心阶段"之前，个体以"自我中心""他者思维"等思维方式认知和感受自己所处的外在世界，在"超越自我中心阶段"个体自我观看世界的视角不再用个体的"我"之视角，而是用"我们"或"共同体"的视角，个体将自我的使命融入共同体的使命中去。以下是个体自我人性跃迁的四个阶段的具体论述。

前自我中心阶段：受限于个体认知系统发展的初步展开，个体甚至不能在物质层面将自我与其所处的外在世界区分开来。此时，个体对外在于自我的世界的认知是混沌的。个体与混沌世界的关系是个体用自我保存的本能获取外在世界所提供的生存所需的基本能量。

自我中心阶段：让·皮亚杰和劳伦斯·科尔伯格将道德认知发展的前习俗水平阶段设定为个体的自我中心阶段，并将其具体化为"惩罚与服从阶段"和"个人的工具主义目的与交易阶段"。显然在"惩罚与服从阶段"，个体在社会之中凭借自己的能力仍然不能独自生活，他需要依靠能提供其生存安全感的事物。他围绕涉及其生存安全感的事物进行探索，并非所有的威胁都能对其生存造成危害，但他会认为，这些威胁是致命的。在"个人的工具主义目的与交易阶段"，随着个体认知能力的发展，个体在客观世界之中能够识别"自己和自己的世界"与其他世界相区分，并且认识到一些威胁并非是致命的，可以通过交换来获得一些渴望的物质，当然如果个体仍然认为，某些威胁是致命的，他仍然会避免受到相应的威胁。

克服自我中心阶段：当个体走出家庭与非家庭成员进行持续性交往时，克服自我中心的阶段就已开始。与家庭成员之外的他人交往的规则不同于家庭成员内部的交往规则，个体需要学会换位思考和替他人着想。另外社会中存在突发的极端状况，个体面对他人可能带来极端状况时必须学会自我保护。个体进入学校教育阶段，一般是"克服自我中心阶段"的起步阶段，但此时个体主要处于自我中心阶段。自我并非贬义，而自我中心则一定是应该受到批判的。自我中心无论在道德上还是理性上都是不可能的。学校的集体生活若是过度统一，则会让刚刚萌生的自我泯灭于集体生活，无疑这样的学校教育不可以称为教育，而应该称为"规训"，教育在这个阶段的使命是让学生认识到自己的独特价值，并去唤醒学生的精神生命的敬畏感和神圣感。正如卡尔·西奥多·雅斯贝尔斯在《什么是教育》（*Was ist Erziehung*）中所描述的那样，自我形成需要尽自己所有力量冲破受到三种压迫：某些特征的不可改变性、外在力量的规训、人之本能力量的自发性；克服这三种压迫的方法分别是训练、教育和存在之交流。显然，在卡尔·西奥多·雅斯贝尔斯看来，教育不是训练，因为教育的价值维度高于训练，训练是外在的规训，是把个体的存在当作工具，教育的目的是为了唤醒自我的觉醒。比教育更高的改变自我或完善自我的方法是存在之交流，指的是存在与存在之间的精神或灵魂层面的交往和沟通。

超越自我中心阶段："超越自我中心阶段"是"克服自我中心"阶段发展的结果。自我之所以达到"超越自我中心"阶段，不在于自我的泯灭而在于自我的包容式发展，自我与他者融合，与共同体融合。这也说明了为什么"教育不能泯灭自我"，但要消灭自我中心。在超越自我中心阶段，个体与自我的关系，个体与他者的关系，个体与世界的关系得到了重新认识。在自我中心阶段，个体与自我的关系是以"欲望"为基础，而欲望以本能为基础，个体的身心灵被本能捆绑；个体与他者的关系是"差序格局"与"差序格局"的关系；个体与自我之外世界的关系是"征服"和"占有"的关系。在超越自我中心阶段：个体与自我的关系是"自我的一切力量为个体使命服务"，个体与他者之间的关系是平等的关系，双方的关系还有更崇高神圣的第三方来协调。自我与世界的关系是：个体的使命融入绝对世界中去，世界具有复杂的层次结构，不再是现实中纯粹的物质世界，还有高于物质世界的理念世界与可能世界。个体在此阶段将个体自我融合到无限和永恒的理念世界中去或者融入共同体中去建构超越现实世界的可能世界。

二、促进个体人性跃迁的人类文明永恒价值

文化是一种生活方式，混合着两极对立的价值体系。而文明是文化的精华，是文化的积极层面。正如一些著名学者所言，文明"是特定民族发挥其文化创造力的一个特定的原始过程产物"①；是"一种包围着一定数量的民族的道德环境"②；文明是"文化不可避免的命运……是一种发达的人类能够达到的一些最外部的和人为的状态……是一个从形成到成熟的结局"。③ 以下从三个方面阐述促进个体人性跃迁的人类文明永恒价值。

（一）宗教文明里的永恒价值

阿诺德·汤因比（Arnold J. Toynbee）基于宗教文明的分析来研究人类文明，其所采用的方法、视角以及所得到结论给我们诸多

① Dawson. Dynamics of World History [M]. Sheed And War DINC, 1956: 51.
② Durkheim, mauss. Note on the Notion of Civilization [J]. *Social Research*, Vol. 38, No. 4, 1971: 808 –813.
③ ［德］奥斯瓦尔德·斯宾格勒. 西方的没落（上）［M］. 吴琼，译. 上海：三联出版社，2006: 37.

启发。阿诺德·汤因比认为，高级宗教是文明的蛹体①。高级宗教分为两部分，一部分是核心，即本质性的劝诫和真理，另一部分是外围，即非本质性的习俗和说教。② 隐藏在高级宗教里的劝诫和真理比高级宗教本身还要长久，因为它们暗示着一种精神性存在，它们与人类社会共存。③ 宗教里的劝诫和真理是文明永恒价值的一种形式。它代表了人类追求积极向上的各种努力。在不强调宗教本身的形而上学体系的前提下，"奉献、博爱、平等、虔敬、真理"等是基督教文明的永恒价值；慈悲、般若、敬畏、觉悟（涅槃）等是佛教文明的永恒价值；"和平、宽容、行善、公正"等是伊斯兰教文明的永恒价值。

（二）现代文明里的永恒价值

西方现代文明被看作自 18 世纪以来持续进行的广泛的现代化进程的结果，而"现代化包括工业化、城市化，以及识字率、教育水平、富裕程度、社会动员程度的提高和更复杂多样的职业结构。它是 18 世纪科学知识和工程知识惊人的扩张的产物，这一扩张使得人类可能以其前所未有的方式来控制和营造他们的环境。"④ 现代文明的建立源于西方文明。所谓西文明是在特定背景下形成的，有其独有的特征。塞缪尔·亨廷顿（Samuel P. Huntington）认为，"西方现代文明继承了'古代文化遗产（理性）''基督教''欧洲

---

① 阿诺德·汤因比认为，高级宗教与其他早期宗教的区别在于高级宗教拒绝了偶像崇拜和自然崇拜而趋进对宇宙的终极实在（即至善）的渴望和信仰，以此克服纠结于自我中心所带来种种痛苦。参见：［英］阿诺德·汤因比. 一个历史学家的宗教观［M］. 晏可佳，等，译. 成都：四川人民出版社，1998：90.
② ［英］阿诺德·汤因比. 一个历史学家的宗教观［M］. 晏可佳，等，译. 成都：四川人民出版社，1998：294.
③ ［英］阿诺德·汤因比. 一个历史学家的宗教观［M］. 晏可佳，等，译. 成都：四川人民出版社，1998：295.
④ ［美］塞缪尔·亨廷顿. 文明的冲突与世界秩序的重建［M］. 周琪等，译. 北京：新华出版社，1998：58.

语言''精神和世俗权威分离''法治''社会多元化与公民社会'
'代议制''个体主义'八个方面,它们构成了西方文明自身不可
替代的特性。而西方文明的珍贵之处不在于它是普遍的,而正是在
于它是独特的。"① 上述的某些特征转化成价值追求的话,那么
"理性、自由、平等、博爱、民主、法治"则是脱胎于基督教文明
的西方现代文明的永恒价值。

儒家引导下的中华文明,以儒学为根基,融合道、佛,形成了
"厚生贵生、君子人格、中庸之道、天人合一、和而不同"的中华
文明的永恒价值。尽管面临西方现代文明的冲击,中华文明曾经面
临过艰难转型,传统价值曾遭到批判,但中华文明的精神内核仍保
存在最优秀的社会群体中。首先,文明的根基在文化,而文化的核
心在于文化的形上体系及其精神追求,正如方东美先生所言"儒家
要追溯天命,率性以受中,道家所以要'遵循道本,抱一以为天下
式',墨子所以要'尚同天志,兼爱以全生',因为这些价值的形
而上根源,诸如'天命、道本和天志'都是生命之源"②,是中国
历代先哲道德生活的根基。其次,文明不是靠强制而是靠自然而然
地化成天下。因此,现代文明具有多种形态,现代科学技术的发展
并没有完全颠覆传统文化的形上体系和精神追求,长时段的文明转
型是局部转型并非核心转型,更非整体转型。

(三) 永恒哲学中的永恒价值

永恒哲学是指西方哲学史上由亚里士多德 (Aristotle) 和托马
斯·阿奎纳 (Thomas Aquinas) 所形成的哲学传统。③ 永恒哲学肯
定人性的形而上层面和精神的神圣性层面。阿拉斯代尔·查莫斯·
麦金泰尔 (Alasdair Chalmers MacIntyre) 肯定托马斯主义的重要性,

---

① [美] 塞缪尔·亨廷顿. 文明的冲突与世界秩序的重建 [M]. 周琪等,译. 北京:新华出版社,1998:60-63.
② 方东美. 中国人生哲学 [M]. 中国台北:黎明文化,1981:42.
③ 沈清松. 物理之后/形上学的发展 [M]. 中国台北:牛顿出版社,1987:396.

"因为托马斯主义的立场认识到合理探究传统观念的重要性"①。永恒哲学主要展现的是对事物原理的解释和探究的方式，以及某些问题传统的永恒意义。

当代永恒哲学代表人物休斯顿·史密斯（Huston Smith）关于人类"智慧传统"写道："人类智慧传统乃是人类最持久且认真的企图，是通过人类生命的细节去推断整个宇宙的整体意义"；人类智慧传统之一："在伦理学的领域里，十诫所说的几乎是跨文化的……在道德层面上的智慧传统，基本上包括三种：谦逊、仁爱和诚实。……亚洲宗教同样赞美这三种品德，但强调要得到它们必须克服一些障碍。佛教认为，这些障碍是贪、嗔、痴'三毒'。一旦它们被除去了，取而代之的就是无我（谦逊）、同情（仁爱）和如实地看待万物（诚实）。"人类智慧传统之二：万物一体，自我融于世界……智慧具有本体光辉……自我与世界分享宇宙的崇高地位。人类智慧传统之三：真实被无可避免地奥秘所浸润；我们生活在奥秘之中……知识的岛屿越大，让我们惊奇的海岸线越长。即探索未知，并对未知保持敬畏的态度。人类智慧之四：有一种特别的喜悦，这种快乐结局的前景，是从必要的痛苦中开花结果的，带着人类的困难终将被衷心接受而克服的允诺。……人类的机会在于把偶尔瞥见的洞见转化成长存的光明。即人生虽经历痛苦，但对人生持一种喜乐和乐观的态度。最后，休斯顿·斯密斯认为，在纷繁复杂的世界中，尊重达至理解，而"爱"是唯一能消灭恐惧、疑心和偏见的力量，它能够提供人类使彼此成为'一'的方法。② 关于"爱"，阿诺德·汤因比也认为，"爱"才是达到人类和平的终极道德。③

---

① ［英］阿拉斯代尔·查莫斯·麦金泰尔. 三种对立的道德探究观 ［M］. 万俊人，等，译. 北京：中国社会科学出版社，1999：4.

② ［美］休斯顿·斯密斯. 人的宗教：世界七大宗教的历史和智慧 ［M］. 刘安云，译. 海口：海南出版社，2001：418－419.

③ ［英］阿诺德·汤因比. 一个历史学家的宗教观 ［M］. 晏可佳，等，译. 成都：四川人民出版社，1998：4.

形成于 20 世纪 30 年代的永恒主义教育思想流派认为：永恒原则控制着变化；永恒的原则高于科学，科技的进步并不意味着文明的发展；永恒原则并不存在于经验科学中，而是哲学、历史、文学、宗教等人文学科中；人生活的价值，取决于人的灵魂、理性对永恒原则的理解；人获得美好生活的手段就是发展人的灵魂和理性；永恒原则只有通过自由教育才能获得。① 美国永恒主义（perennialism）教育家莫提默·艾德勒（Mortimer J. Adler）在《六大观念：我们据以进行判断的真、善、美，我们据以指导行动的自由、平等、正义》（*Six great ideas Truth Goodness Beauty Ideas：We Judge by Liberty Equality Justice Ideas We Act on*）中，提出真、善、美、自由、平等、正义此六大观念是除上帝观念之外赋予人类灵感的重要哲学观念。② 永恒主义教育所弘扬的正是永恒不变的人类文明价值。

三、文明永恒价值类型与教育活动

文明的永恒价值在任何社会里都相似，而有所差异的是这些价值的排序。教育实践是文明的传承和创新的活动，其先是继承自身文明中的价值，而更重要的是在教育实践过程中引导师生对人类文明永恒价值逐一进行探求。然而，将文明和教育活动密切关联起来，还需一"桥梁"，就是"人性"这一核心概念。文明是文化的积极层面，文明意味着人类个体和社会在人性层面对人性中动物性的超越和向神圣性的迈进，即个体或群体从自我中心走向人类命运共同体。而教育活动，柏拉图（Plato）认为，"教育的目的在于使个

---

① 刘静．教育的变与不变：永恒主义教育目的观的现代启示［J］．首都师范大学学报，2000（3）：112 - 115.

② ［美］阿尔弗雷德·阿德勒：六大观念：我们据以进行判断的真、善、美，我们据以指导行动的自由、平等、正义［M］．郗庆华，译．北京：生活·读书·新知三联书店，1991：6.

体的灵魂的转向";孟子认为,"教育之道无它,求其放心而已",即强调教育实践的目的在于人性的跃迁。从文明(传承与创新)和人性(跃迁)两个视角看待教育活动,二者并不存在冲突,只是视角不同,而实质相同。

任何一种宗教或文明所强调的核心价值,都是劝诫个体超越自我中心进入人性的神性或圣性中去。教育活动的终极指向或对人们的教导同样鼓励个体进行人性跃迁。然而,教育活动必须直面人性中动物性的层面,即必须从个体的自我中心层面起步走向人性跃迁,达到文明(传承与创新)层次。阿诺德·汤因比认为,自我中心是地球上所有生物具有的内在限制和缺陷。① 自我中心是必须的,否则个体无法生存。它又是错误的,既是理智的错误,又是道德的错误,因为个体不是中心,也不应该成为中心。②

然而,如何才能在教育活动中劝诫个体超越自我中心?宗教或许能再次给我们启示。"在基督教和大乘佛教中,痛苦被理解为具有积极作用:通过痛苦能唤起怜悯并最终达到慈爱。从而使人得以超越自我中心,彻底摆脱自我中心。"③ 宗教启示再次指向了"慈悲和无条件的爱"。当然,在去宗教化(不宣扬宗教形而上学体系和精神追求)的背景下,在教育实践活动中也许只有通过深刻认识人性本身,继而以人性为尺度将人类文明的永恒价值进行分类和解释,并将学生成长导向慈悲和无条件的爱等终极价值,才能实现学生人性的自我中心超越。基于此,教育必须唤醒学生个体对人类共同体的使命和责任并走出自我中心。

从个体成长的视角来看,人性是不断地发展的;然而,以此观

① [英]阿诺德·汤因比. 一个历史学家的宗教观 [M]. 晏可佳,等,译. 成都:四川人民出版社,1998:12.
② [英]阿诺德·汤因比. 一个历史学家的宗教观 [M]. 晏可佳,等,译. 成都:四川人民出版社,1998:13.
③ [英]阿诺德·汤因比. 一个历史学家的宗教观 [M]. 晏可佳,等,译. 成都:四川人民出版社,1998:102-166.

之，人性发展过程和终极方向是永恒不变的。人性中包含维持自我中心成分、克服自我中心成分和超越自我中心成分。个体发展是人性不断地跃迁的过程，人类代代相传这种发展过程。人性跃迁的动力是对人类生命终极意义的追问，对自我局限的超越，即人类对超越性的本能需求。以人性跃迁来考察人类永恒价值，可以对本书中所及的人类永恒价值有新的认知。首先，维持"自我中心"的价值包括：个体基本权利、个体自由、乐生贵生、自我实现等。其次，克服"自我中心"的价值包括：虔敬、节制、救赎、忏悔、涅槃（觉悟）、谦逊、智慧、（博）爱。最后，克服"自我中心"后，人类永恒价值又分为指向社会他人、指向国家和指向人类命运共同体三个层次的价值范畴，其中，指向社会他人的价值包括：感恩、诚实、友善、平等、公平、正义、君子人格、和而不同（尊重）、博爱、奉献等；指向国家价值包括：民主、法治；指向人类命运共同体价值包括：至善、博爱、和平、慈悲等。说明：其一，在每一条目下的价值类别没有先后顺序之分；其二，每一条目之下的价值类别处于开放状态；其三，爱、智慧、慈悲等价值类别在人性的"克服自我中心"和"超越自我中心"两个层次都存在，具有普遍性。

第五章

现实的学校教育经历：
学生的自我发展过程

一般而言，所谓自我发展是指个体作为主体自主地建构理想自我的过程。但个体如何发展以及发展得如何？需要考虑一个前提，即个体拥有多少建构自我的资源？诸如身体状况、知识水平、技术能力、道德品质等，但最关键的是个体自由和自主的意识。相关的资源有很多，但个体获取这些资源需要各种条件，甚至付出代价。

自我的发展，是建立在人类文明资源基础之上的自主建构。系统的学校教育是个体获取文明资源的渠道。在学校教育过程中，要注重唤醒学生自由和自主的自我发展意识。正如在本书第四章指出的那样，自我没有统一的样式，自我是个体利用自身所拥有的文明资源自主建构的结果。

"我是什么样的人？"和"我想要成为什么样的人？"，是自我发展过程中始终要面对的两个问题。即自我如何面对现在的我和将来的我。当学生利用自身所拥有的文明资源实现包容式发展后，即其个体意识由个体"我"向共同体的"我们"转换时，自我发展的实质便转换成人性跃迁。从人性跃迁的四个阶段来看，个体人性在第一阶段处于"前自我中心阶段"，第二阶段处于"自我中心阶段"，第三阶段处于"克服自我中心阶段"，在"克服自我中心阶段"之后处于第四阶段，即"超越自我中心阶段"。个体完成每一次的阶段跨越，都需要经历深刻的自我反思和持续性的文明价值的引导。这也是为什么说学校教育对自我发展有着极为重要的作用的原因。

本章利用自我发展的人性跃迁的四个阶段作为分析框架，通过对 36 名大学生的"自我"主题的教育自传文本的分析，来揭示在应试竞争教育体制背景下学生个体自我发展的阶段性。

第一节　前自我中心阶段：学生自我的被动发展与自我唤醒

正如在本书第三章中揭示的那样，"个体安全感的寻求既是本能需求，也是理性使然"。学生个体进入学校接受教育，就拥有了强制、压迫、非自由的竞争教育体制背景。进入这个环境，大多数学生处于适应该环境的阶段。在此阶段，个体首先寻求的是安全感。个体在处理与自我安全感相关的问题时，常见的策略是将自己与环境融为一体，不分你我，尽最大努力地实现环境对自己所提出的各项素质要求。而只有当个体适应环境后，寻求自我独立的意识才开始萌生，即努力将自己从环境中显现出来，并主动改变环境中的某些变量来适应自我发展的需求。

但也存在这种情况，个体的某些遭遇或挫折所激发出的自我反思会打破个体适应环境的盲目性，使个体开始认识到自我存在的价值和意义，并开启自主建构自我的阶段。这可能也解释了为什么某些在应试教育体制下一帆风顺的那些所谓的优秀学生，自我的发展反而处于自我中心阶段，甚至有学者将他们被称为"精致的利己主义者"。

一、自我发展的蒙昧期：种下什么便收获什么

《易经·蒙卦》"蒙以养正，圣功也"。意思是，在儿童蒙昧无知的时候，要培养儿童纯正的品质，这是造就圣人的道路。在儿童

自我蒙昧状态，儿童的心灵就像一块沃土，埋入什么种子便成就什么果实。种入爱和关心，生长出爱和关心；植入竞争和冷漠，生长出竞争和冷漠。而教育就是在儿童启蒙阶段，植入文明祛除愚昧、成就儿童的中正品质。

但在竞争性的教育体制下，一些学生在自我主题的教育自传中的描述却显示其自我发展处于起始状态：

博取家人关注与荣耀父亲①

出生在一个"重男轻女"的年代，当时我在家里是不受重视的。然而，从小我就表现出非凡的一面，五岁的时候跟着爷爷练毛笔字，还学得不错。我还会背唐诗，数数、算术都不是事。大人都觉得我是可塑之才。那时候家里有一台黑白电视，这是我学习的来源。普通话、粤语都是那时候学会的，现在想想我自己都觉得不可思议。

其实，我最初的学习动力来源于我的爸爸。在我一年级的时候，他跟我说：只要考试得第一，他就会给我很多很多的压岁钱。我信了，所以很拼命，很积极。终于，我考试得了第一，然而我并没有得到比较多的压岁钱。但是，我喜欢被家人重视的感觉。我被人谈论的时候，我想他们也一定是骄傲的吧。所以，这成了我年少时博取家人关注的"武器"，这是我的秘密，我不曾跟任何人说过。初中时有一次要开家长会，并且举行颁奖典礼。这是我爸爸第一次跟我一起到学校。我想，当他坐在下面，看着我走上领奖台，心里一定是骄傲的吧，会为我鼓掌的吧。事实证明我是对的。我回到他身边的时候，看到其他家长对他投来羡慕的目光的时候，我看到他的笑容是骄傲的。这一刻，他在为我骄傲！

"博取家人关注"，是王婷（化名）适应家庭生活的策略性选择。可以将这种策略理解为寻求安全感的理性行为；在学校的教育

① 资料来源：节选自中国东部地区某大学生王婷（化名）提供的教育传记文本材料。

生活中，获得优异的成绩是其家庭生活策略的延伸。因为两者的性质是一样的，即为父亲带来骄傲，向他人（家人）证明自己是非常重要的。然而，个体寻求安全感只是为个体自我发展提供基础，并不代表个体真正的自我发展（人性跃迁）。只有寻求安全感的行为背后受到促使个体人性跃迁的文明价值的引导，个体的自我发展才算真正开始。

一个没有思想的傀儡①

进入高中，由于第一次摆脱父母独自生活，自己欠缺独立生活能力的缺陷便立马显现出来。很多情况下，我都是上课跟着上，下课就发呆，该吃饭的时候就同同学一起吃饭，熄灯的时候就自然睡觉。

很多情况下，我真的是连自己做了什么事情都是不清醒的。学校怎么安排课时，我就怎么上；同学做什么，我就跟着做。一时之间，自己的世界完全变得一片迷茫，突然不知道自己该怎么办了。意料之中的是，我的成绩不停地往下滑。家里人很着急，自己也很着急。但是，当时我就是不知道应该怎么做。比较幸运的是，我的父亲比较理智，对于我成绩的下滑，内心虽然着急，但是还是选择鼓励我，……高一的我，活得就像一个没有思想的傀儡。只是这个傀儡没有过于放任，所以最终既没有走向歧路，也没有回到正轨，依旧站在人生的分界线上。

对于第一次在学校寄宿的学生而言，由于缺乏独立生活能力，不免会产生被"赶着走"的感觉，就像"傀儡"一样。应然层面，个体在任何情况下都应该拥有选择的自由。因此，在刚开始适应寄宿生活时，学校把学生大多数的时间都排满的情况下，学生越是选择适应这些安排，其结果越是疲于奔命，甚至失去了自我选择的机会和能力。因为，学校寄宿生活的管理遵循的是典型的实用主义原则。

---

① 资料来源：节选自中国中部地区某大学生杨晴（化名）提供的教育传记文本材料。

自我发展的蒙昧期，种下什么便收获什么，填充什么便成为什么。然而，学生个体究竟在什么时候才能跨越这一阶段，初中还是高中？事实上，研究显示，即使进入大学的学生也不一定能够跨越这一阶段。

填充什么便成为什么①

我希望可以找到自己的强项并且好好利用，不会像现在抱着随遇而安、见一步走一步的心态，以至于连以后该干什么都不知道。小学就是考初中，然后初中好好考高中，高中好好高考，高考完了被大学录取，专业确定了就好好去学，学完了以后好好找到一份好工作。可是，这样的生活很机械，一路下来我并不知道将来该去干什么。所以我期待我的理想自我是可以清楚地知道我所想要的生活。

表面上看，求学道路就像一个阶梯，一步一阶往上走，每个人走着相同的路。这条路中的每一次跨越好像都由不得我们自己来选，而是家长、老师帮我们选。即使是自己所做的选择，也未必经过本人慎重思考。这样的结果就是，到了大学毕业时，学生仍不明白自己"想要什么的生活"。也许，对自我的认知需要终其一生的努力。但是，挫折和反思能够打破自我的"沉睡状态"。

二、挫折和反思能打破自我的"沉睡状态"

奥托·弗里特里希·博尔诺夫在《教育人类学》（*Anthropology Pedagogy*）中，提出个体自我发展的非连续性原则。他认为，个体的自我发展所具有的连续性只存在理想情况下，而在现实的情境中极少见。真实的社会中也不存在连续性发展的个体。个体的某些遭遇和所面对的危机是个体自我发展非连续性规律的体现，同时也是

---

① 　资料来源：节选自中国东部地区某大学生尚芳（化名）提供的教育传记文本材料。

自我发展的促进机制。①

挫折和反思，在此是指自我发展的暂时停止状态。挫折作为一个"事件"，事件本身不能促进自我发展，而其导致的"反思"行为却有可能直接促进自我发展。因此，"挫折"本身不值得推崇，而"反思行为"才却值得推崇。但"挫折和反思"整体可以作为个体自我发展的一个促进机制。

生病住院：原来我这么重要②

我的胃已经很脆弱了，平时吃饭，每次一个馒头只能吃1/3或1/2。但我父母不知道。我不知道自己的高中生涯是如何熬过来的，只是可以想象当时我是多么瘦弱，说弱不禁风也不为过。可怕的事情最终还是发生了。半夜时分我的胃部疼如刀绞，连呼吸都也有些困难。实在受不了的时候，我用微弱的声音呼喊了我的一个室友……现在仍然记得室友们全部半夜起床，卸掉床板把我抬到了学校医务室。医务室医生对我的病情简单处理后，我父亲赶到学校把我送到了县医院。县医院的诊治结果是胃穿孔。……人生至此，第一次经历如此大灾难，我庆幸手术后我还能活着。同时，我知道当时若没有我的室友们，我真的可能会死掉。手术醒来后，看到母亲、哥哥和妹妹。能再见到他们，真的很高兴。……住院期间，很多同学去医院探望我，有的甚至去了好几次。在家休养期间，亲戚、邻居也都过来探望。第一次感觉活着真好，有那么多人爱和关心自己。原先我还以为父母、同学、亲戚和邻居他们只看我的成绩，只关心我考没考上好大学。倘若没有这次生死体验，便没机会体验到这些关心和爱。

挫折能打破自我的"沉睡状态"，学生阶段的生病住院能够促使个体用与平时不一样的眼光观察世界。生病住院之前用自我中心

---

① ［德］奥托·弗里特里希·博尔诺夫，教育人类学［M］. 李其龙，等，译. 上海：华东师范大学出版社，1999：64.

② 资料来源：节选自中国中部地区某重点大学生张峰（化名）提供的教育传记文本材料。

的视角看待自我和他人。总觉得他人和外在世界不关心自己、亏欠自己，而将视角转换成非自我中心视角即他人立场，就会发现他人和外在世界给自己的关心和爱。

打工经历①

初中毕业时，我做了一个决定：去南方打工。也是因为这个决定才有了今天的我。

由于勉强考上高中，面临巨额的学费，我沉默了。……那个暑假我去了南方打工，在送我去车站的路上，我妈妈哭了，她不想我去打工，但是我自己很坚持，甚至自己离家和同学一起走，他们没办法。我去了江阴，一个服装厂。车间里的工作不算累，但是每天起早贪黑，不时也会精神恍惚、打瞌睡等。……那时候的我开始想念上学，突然知道了上学的好处，也知道了上学原来那么舒服，那么自由，尽管有大量的作业。……当然，两个月的时间我也交到了很多朋友，和同学不一样的朋友。他们在工作中照顾我，在生活中帮助我。他们教给我了很多道理，一些在课堂上学不到的道理，让我知道了所谓的社会是什么。他们让我知道社会上有关爱的同时，也让我认识到了社会的黑暗。所以这颗种子在我心里种下，以后要做人上人。我感激他们，我的朋友！我也感激车间主任，是他们让我真实地认识到学习的重要性，真心地体会到没有知识是多么的可怕。他们是我在苦涩的高中学习中学下去的压力，也是动力。没有他们，我的人生不会圆满。那一段经历，将永远影响着我的心。

挫折和反思能将自我从"沉睡"中唤醒，但是将自我唤醒后能否必然促进自我发展。这其中有一个关键因素，即究竟"什么价值"在引导个体的"反思"行为，在"反思"后，个体的人性跃迁是否在文明价值引导下完成。以李猛（化名）同学的经历为例，即使他通过打工经历认识到了社会的两面性和学习的重要性，但这

---

① 资料来源：节选自中国中部地区某大学生李猛（化名）提供的教育传记文本材料。

一切却将自我发展引导到"要做人上人"这一人生目标，则很难判定他通过"挫折－反思"机制实现了自我发展。自我被唤醒后，个体可能会进入自我中心阶段，也可能会进入克服自我中心阶段。若个体将"人上人"作为目标，毫无疑问自我被唤醒后进入了"自我中心阶段"。

对生命自身的思考，往往会从根本上加深个体自我认知的深度。但中国传统文化中却强调"未知生，焉知死"，对死亡的讨论一般被视为禁忌。但个体越是这样，对人生理解越肤浅。"向死而生"，这一存在主义哲学的核心概念，或许能给人们很多启发。人类无论个体还是群体，只有明白了人类个体的"必死性"，才能过好此生。

生死离别：每一个人都会死亡

我和表弟属于从小关系就很好，特别是上初中后，我们一起回家吃饭，有时甚至一起做饭。总之吃住是在一起的。记得一次我和表弟去他家，打算一起看什么电视剧。到他家时，家里有很多人在看电视。表弟走过去把电视频道给调换了。他父亲一向性格暴躁，当着我和那么多人的面，呵斥并打了他一耳光。那是我见到表弟的最后一面。我离开他家后没几天，表弟和家人拌嘴后，就自杀了。这是我第一次直接面对亲人和最亲密同伴离我而去，而且永远不会再见。我痛哭了好几天。母亲心疼地安慰我，"每一个人都会死的，不要难受了。"①

2012 年，高三，18 岁，我失去了最爱我的姥姥。在过去的 17 年里，我几乎没经历过生死离别，所有爱我的人都在爱着我，我想念他们的时候，回去就见得到。可是在这一年……我一直都不相信姥姥就会这样走了，甚至当我看到她慈祥地躺在棺材里的时候，还是选择不相信。以前姥姥经常对我说，"她总有一天会死去。"我却

①　资料来源：节选自中国中部地区某重点大学生张峰（化名）提供的教育传记文本材料。

任性地捂住她的嘴说："姥姥永远都不会死，会一直活着，看我考大学，看我结婚，看我的孩子出生。"但人生没有永远，也没有彩排，更不会预知，就在我高考前的冬天，她还是扔下我走了。18岁，也许就会是这么痛吧。18岁，意味着成年，意味着蜕变，意味着人生的旅途中转。我期待、害怕、欣喜又紧张，复杂的心情就这样把我推入成人的大门里了。①

面对由死亡而引起的学生对人生的反思，必须引导学生走向更加热爱生命、热爱生活和热爱世界，而不是沉浸在对死亡的恐惧或者"人生短暂，及时享乐"的错误认知中。面对人类自然生命的有限性，要引导学生要用人类文明永恒价值超越人类生命的有限性和自我中心的局限性。

第二节　"自我中心阶段"的自主建构与　"克服自我中心阶段"的起步

一般而言，自我从"前自我中心阶段"被唤醒以后，将迈向"自我中心阶段"，并开始尝试对自我的自主建构。在"自我中心阶段"，自我的自主建构是指个体以自我为中心去主动获取社会资源，重构社会资源，以促进自我的生存和发展。在这一系列的过程中，个体获取知识、提升能力、建构各种关系，获得他人的认同和好感。个体从"自我中心"阶段逐步迈向"克服自我中心"的社会性发展阶段，个体的自我认同由"我"走向"我们"，所建构的关系也逐渐从竞争性关系向合作性关系过渡。

然而，在竞争性的教育体制环境下，学生的哪些意识或行为属于"自我中心阶段"的自主建构，哪些意识或行为属于"克服自

①　资料来源：节选自中国东部地区某大学生高馨（化名）提供的教育传记文本材料。

我中心阶段"的自主建构？

当学生能够适应教育环境，却希望更好地适应或一味顺从竞争性的教育体制而不敢越雷池一步；当学生沉浸于一味竞争而没有考虑比竞争更高级的其他价值；当学生把成人（家长或老师）的话当成绝对真理；当学生的反思仅局限于取得好成绩；……以上所涉及的这些情境中的行为或意识就属于"自我中心阶段"的自我自主建构范畴。

当学生不再过多关注竞争性资源诸如成绩和名次；当学生的关注点从外在地与他人的比较竞争转向关注自身的知识和能力提升；当学生出现反抗或逃避这种强迫和压制性的教育竞争体制的某种行为；当学生主动地去寻求与他人的合作关系谋求共同发展……这些行为或意识就属于"克服自我中心阶段"的自我自主建构范畴。

如果仅仅将学校教育体制看成人才选拔工具的话，就会忽视蕴含在学校教育实践活动中的学生自我的发展和人类文明的传承与创新的价值。事实上，它们则要远远高于学校教育体制作为人才选拔工具的价值。表面上看，学校教育实践活动中，自我的发展和人类文明的传承和创新是两个目的。但实质上，学生自我的发展是通过占有人类文明资源和价值才得以实现，即自我是在文明资源中发展，自我发展的目的和方向也是为了更好传播文明的价值，二者具有一致性。

一、通过他人看自己：自我和他人共同发展的双螺旋机制

在广义的自我研究中，乔治·赫伯特·米德（Mead George Herbert）用社会互动来解释自我的起源和发展机制：自我并不是意识的处理系统，它本身就是意识的对象；人一生下来并不存在自我，因为他不可能直接开始自己的实践活动；随着从外部世界获取实践经验，人学会了将自我作为一个对象来考虑，并形成了他们对于自

我的态度和情感。这就是自我意识的发展。社会互动促使个体自我通过姿态符号或语言来表达自己所感受到的对方的意图，在这一过程中自我对他人的会意提供了自我发展的原料。① 在乔治·赫伯特·米德研究的基础上，查尔斯·库利提出"镜像自我"概念，认为，个体通过真实或想象中的"他人对自我的评价和期待"，进行自我调适；② 在社会互动中，重要他人的影响，诸如评价和期待，是个体自我形成的重要参照。而与他人形成的亲密关系，诸如男女朋友、死党、知己等则是个体"镜像自我"的重要来源。

在学校教育环境中，人际关系不仅促进学生的自我发展，也提供学生所需要的关系层面的安全感（但如何区分二者的差异，将在本书第七章进行解释）。因此，虽然学校三令五申不准学生谈恋爱，但仍有学生选择谈恋爱，学生学会反抗压迫性质的学校管理文化时，学生的个体自我已处于"觉醒状态"，并将自我关注的焦点从"自我"转向"他人"。因此，本节选择学生所描述的暗恋或恋爱经历作为自我与他人共同发展双螺旋结构的开端。

暗恋的滋味③

此外，初中阶段还有一大乐趣，便是每天看着我暗恋的男生。何帆（化名）同学大概是我第二个暗恋的男生。第一个在小学，叫张斌（化名），喜欢他是因为他作文很棒，常常被老师当作范文在课上朗读。而到了初中，喜欢何帆（化名）是因为全班只有他知道保尔·柯察金。……暗恋是件很有意思的事情，单单是感受着某个人在你附近，就可以激活心中的某种快乐和幸福的基因，他对我说

---

① ［美］乔治·赫伯特·米德. 心灵自我和社会［M］. 赵月瑟，译. 上海：上海译文出版社，2006.

② ［美］查尔斯·库利. 人类本性与社会秩序［M］. 包凡一，等，译. 北京：华夏出版社，1999.

③ 资料来源：节选自中国东部地区某重点师范大学生周萍（化名）提供的教育传记文本材料。

一句话，我可以傻笑一星期。这种情况一直持续到高中。当然了，高中暗恋的又是另外一个不同的人。……到了高中，压力多于幸福，但快乐还是有的。最大的快乐大概就是在课下打羽毛球和看人打羽毛球的时光了吧。因为打羽毛球，结交了很多很要好的朋友……打羽毛球所带来的快乐，一方面是因为帮助我释放了诸多学业的压力，一方面，是因为我享受和张鹏（化名）在一起的时光，没错，这位张鹏（化名）就是我高中暗恋的对象啦。他文章写得好，球打得也不错，人很好，也很幽默。

暗恋是由好感发展而来的，是某一段时间和空间内，人类个体将好感聚焦到人类另一个体上。对暗恋对象的关注超过对自己的关注，并特别在意对方对自己的反馈，"单单是感受着某个人在你附近，就可以激活心中的某种快乐和幸福感，他对我说一句话，我可以傻笑一星期"。另外，对方的优点也是自己关注和学习的地方。通过他人看自己，并发展自己，自我和他人的双螺旋共同发展机制开始形成。

暗恋与傻笑①

读书这么多年，我想，最美好的莫过于暗恋。曾经喜欢一个女生，那时候每次想着的都是那个人的面孔；每一天，都在期待与她见面。但是一见面又会觉得不好意思，时常说不清楚话，甚至是出丑。但是却像一个白痴一样傻傻地笑着，远远地看着。即使她对你毫不在乎也没有关系。如果某一天她突然和你说话，还聊了好久，那么那个晚上你会兴奋得睡不着觉。你还会胡思乱想，她会不会对我也有意思呢，难道说她也喜欢我？还是说，她也只是像其他同学一样只是和你打声招呼而已？诸如这些，都会充斥头脑，直到沉沉睡去，而今每当想起那些年的羞涩面孔，也说不清楚来由，也会傻傻地笑着。

---

① 资料来源：节选自中国东部地区某大学生杨中华（化名）提供的教育传记文本材料。

暗恋，是个体从自我中心开始关注他人。即使此时个体对他人的关注仍然以自我为中心，但这一行为本身预示着自我开始朝向"克服自我中心阶段"发展的可能。根据本书的理论框架，个体人性的每一次跃迁都需要人类文明价值进行引导。当人类文明价值介入自我向他人转向这一过程中时，克服自我中心的意识和行为已经发生。但是，当暗恋仅仅是暗恋，并没有看到对方的优点对自己发展的良性刺激，如前文中所言"像一个白痴一样傻傻地笑着，远远地看着，即使她对你毫不在乎也没有关系"，那么自我与他人的双螺旋相互促进的机制并没有形成。

另外，在学校教育过程中，要鼓励男生和女生之间的相互合作，增进他们之间的相互理解。要能尊重和包容差异，并从差异中看到需要学习的地方，这是每一个学生都值得拥有的品质。在学校教育过程中，若限制男生与女生之间的合理交往，对学生的自我发展会产生负面的影响：

不懂得和他人相处[①]

写到这里才发现我周围的，跟我接触最多的都是女生。我是独生女，没有兄弟姐妹，我一直不知道怎么和同龄人相处，这些都是父母老师不曾教的。他们总是认为，我们慢慢会懂，和女生的相处还好，因为是女生，有矛盾可以诉说，可以很自然的相处，但是若对方是男生就不一样了。我会觉得尴尬，因为在学校若是一个男生和一个女生走得太近，就会有流言出来，有时候自己都会觉得莫名其妙。我从小不太会和别人相处，更别说是男生，所以我高中以前从来没有聊得来的哪怕是熟悉一点的男生。

人们总是对拥有自身缺乏的仰望的那些品质的人类个体充满好感。也许，这是人类进步的动力。个体追求异性的过程，也是自我

---

① 资料来源：节选自中国西部地区某重点师范大学生范欣瑶（化名）提供的教育传记文本材料。

不断地走向心智成熟的过程。恋爱是个体自我认知的最好途径。在恋爱中，双方的情感需求、交往需求等在不断地磨合中得到满足。双方在恋爱过程中，通过让渡部分自我，形成新的扩展后的自我。

初中阶段是人类个体青春萌动的时期。这个阶段对异性产生的好感，可能是人类情感中最为纯朴、善良的。它不掺杂物质及欲望。学生通过对异性的了解，来增加对整个人类世界的认知和理解。然而，初中学生萌生的仅仅是好感，不是恋爱，更不是爱情。因为，他们的人生刚开始伸展，这个过程还要持续到成人或大学毕业。真正的爱情，不是基于好奇、仰慕、同情，更不是基于欲望，而是基于平等和尊重，基于成就更加美好的彼此。青春期的学生特别在乎异性对自己的看法和评论。但恐惧、敏感甚至沉醉于异性对自己的评价和期待，则不利于个体自我健康地成长。

通过他人看自己，还包括通过（重要）他人对自己的鼓励和肯定，通过他人对自己的认同，来完成个体的自我认同。

追求老师肯定[①]

有一件事一直在我心中难以忘记，那是中招考试的前一天，父亲送我到学校参加考试，到校后父亲在我不知情的情况下去找了我的班主任（我是后来看到父亲从老师办公室出来才知道的）。记得父亲出来对我说的第一句话是"你老师说你的成绩一直很稳定，没有什么问题，放心考，别紧张"。当我听到这句话时，真的很开心。因为老师平常几乎没有怎么夸奖过我，当年考试中我超常发挥，考出了初三一年中最好的成绩——全校第二。我不知道别人是什么样的，我知道我是那种渴望得到老师肯定的人，有时候一句小小的鼓励都能给我很大的动力。

每个学生都渴望获得他人的肯定和鼓励。我们不能将"追求别

---

① 资料来源：节选自中国中部地区某高校学生周珊珊（化名）提供的教育传记文本材料。

人肯定"的行为轻易地判定为属于"自我中心阶段"的自主建构行为或属于"前自我中心阶段"的盲目行为。区别就在于个体是否将他人的肯定视为自我奋斗的根本动力，即在没有外在肯定的情况下，是否仍将持续该行为？若是，这一行为就表示打破了"前自我中心阶段"的自我"沉睡状态"。请看下面这位学生的描述。

竞争中的友谊①

高一的时候，……因为勉强考到高中，我的成绩在班里是垫底的存在。很多课程，我根本就听不懂，尽管不放过一分一秒的学习，我也很难取得满意的成绩。多亏了一个人，他是我的同桌。我们学校分奥赛班、实验班和普通班。我们班只是普通班，他是我们班上的第三名，幸运的是我们坐在了一起。他是一个学霸，每天就知道学习，所以，我也每天跟着他一起学。他在初中就是好学生，只是考试没考好，只能上普通班。所以他有目标，下次分班一定要到实验班。在同桌的帮助下，经过自身的努力，我的成绩进步很快。期末考试后，他如愿以偿地进了实验班，而我也进入了班级的前五名。我们约好来年实验班见。……皇天不负有心人，高二时，我也上了实验班。但是如我想的那样，我的同桌也不在实验班了，他上了奥赛班。我又有了目标，又有了动力。……终于，高三的时候我也上了奥赛班，成了我们学校的尖子生。所以，我很感谢我的同桌，他是我的目标，是我一直要超越的对象。让我没想到的是，高考结束，我们闲聊，他却对我说了"谢谢"。他说，他学习没有我努力，尽管他成绩好，也会有想放弃的时候，但想到我在他身后拼命地追赶，就不得不更加地刻苦用心。我惊讶了许久，也就释然了，真心地笑了笑，这才是真正的朋友，一辈子的好朋友。

在上面的案例中，这两位同学通过竞争与合作建构了自我与他

---

① 资料来源：节选自中国中部地区某大学生李猛（化名）提供的教育传记文本材料。

人之间的"双螺旋"发展机制。但毫无疑问，李猛（化名）的自我发展处于"自我中心阶段"的自主建构阶段。因为，他们奋斗的目的是为了提高自身的成绩而别无其他。

榜样是个体成长的重要资源，为个体自我发展提供动力和原料。特别是在学生自我发展的初级阶段，个体用自己仰望的榜样来建构自我。但是，个体与榜样之间并没有形成双向的促进机制。

榜样身上的人性光辉

记得小学阶段，我们的徐校长经常把我和周青（化名）叫到办公室，给我们讲他曾经教过的学生刻苦学习的故事。我们当时也比较听话，听他讲过之后，我们也模仿那些学生去学习。[1]

我也想努力成为一个在最初几年不以牺牲学生成长为代价去换取自己专业成长的教师。但是，最先让我产生这种迫切愿望的原因，直到现在我也无法说清楚。不仅仅是宁老师一直在从事的教师教育理论，还包括他本人的一言一行对我的垂范教化，让我开始好奇"教师"到底是一个怎样的职业？它竟能够让一个快要退休的老师一天之内连续上 10 个小时的课，却仍乐此不疲；能够每一次讲课都神采奕奕地通过尝试各种方法让学生理解知识。我绝对相信，他的精力远远超过他的体力。这是用毅力在战斗，不是被动地告诉自己"我要坚持住"，而是那种一旦进入学术状态就停不下来的感觉。原来热爱的感觉是这样。教师这个职业真的可以闪亮光辉。[2]

很难判断选择榜样作为自己的偶像是否是属于个体自我发展成熟阶段的行为。因为，这是用一种仰望视角来观察他人。世界上不存在完美的个体，每个人都有缺陷。所以，个体之间是平等的关系，需要平视而非仰视。但当个体处于人性的"黑暗"之中或蒙昧

---

① 资料来源：节选自中国中部地区某重点大学生张峰（化名）提供的教育传记文本材料。

② 资料来源：节选自中国东部地区某重点师范大学生杨莹（化名）提供的教育传记文本材料。

状态，他（她）就需要一种正能量去照亮或驱散"黑暗"与蒙昧，或许榜样就是一个很好的成长正能量源泉。即当个体在自我发展过程中，找到一个拥有人性光辉的他人充当榜样，也应判断个体这种行为属于"克服自我中心阶段"的表现。

在主流文化中沉沦①

上了大学，自己慢慢察觉，大学不是高中老师口中的"天堂"。不是我们想象中的那么美好……所有的一切，可能都要用物质来衡量。你要么拿一堆证书证明自己是个很优秀的人，你要么被淹没在历史的长河里，默默无闻。这是个用实力说话的世界，这个实力是可以被看到的，你看，"他组织了很多活动""他考到了很多证书""他拿到了许多奖项"。这是一个物质至上的世界，你内心再怎么有理想抱负，思想再怎么崇高，我看不到，你也就是芸芸众生中的尘埃。不得不说，我也在这样的世界中迷惘，别人都在报各种各样的辅导班、学习组织，就是为了拿到更多可以证明自己的一张纸。我还在思考着我的人生，前路还是未知数，不知道自己的目标，也没有规划，觉得自己太过懒散，却不知道该如何改变。

主流文化并非就是正确的文化价值取向，但是面临主流文化时，大多数个体具有从众的心理倾向，因此，人们一般会对主流文化不假思索地选择接受。但毫无疑问，自我发展真正成熟的个体，不仅会反思主流文化，甚至当主流文化的价值取向存在问题时，还会做出反抗"主流文化"的行为。

反思"主流文化"②

进入大学后，……很多人上课都不听课，选择玩手机、睡觉、

---

① 资料来源：节选自中国东部地区某师范大学生王玲（化名）提供的教育传记文本材料。

② 资料来源：节选自中国西部地区某师范大学生韩艳芳（化名）提供的教育传记文本材料。

看与课程无关的书等。造成的后果就是，我们课堂学习效率大大降低。关于考试，大多数人都是在考前一两周临时抱佛脚，于是就出现了大学生考前在图书馆的拼命学习的热潮：每当期末考之前，图书馆的座位都会很抢手。另外，大学里的考试，大多伴随着小抄；当然我也学会了这种作弊方式。……在大学教室里，有时会有很多人翘课。于是，我也学会了翘课。在学习这方面，一开始，我不习惯上课不怎么管的课堂，因为我是需要老师管的那种学生，自觉性太差。而且，有很多课程都不是我喜欢的。于是很多课，我都不去上或者坐在后面不听课。到了后来，因为某次考试成绩很差，自己狠狠地做了自我反思。之后上课，我的学习态度大有改观，每次上课都坐在前排认真听课、做笔记，课后自己去图书馆自习。这样之后，我的成绩也大大提高了。这让我觉得无比满足。……大学里的学习让我明白了，学习完全要自觉，要自己对自己负责。基于此，我的自学能力也有所提高。另外，大学里的某些课程的考试形式，默许有些学生通过"搜集考试情报"或"合作"来提高考试成绩。这对那些踏踏实实学习的学生不公平。

在学校教育环境中，大学阶段的大多数学生会默认和接受考试备考期的"主流文化"，只有一些学生会反思所谓的"主流文化"。无疑，后一种行为可以作为个体自我走向"克服自我中心阶段"的标志性事件。看下面一位学生关于"如何对待老师说的话"的描述。

理性对待老师说的话①

在老师眼中我是听话的好学生，刚开始我认为，老师说的都是对的，也特别听老师的话，但随着年龄的增长、生活阅历及知识的增加，我渐渐明白老师也不是完美的，他们也有犯错的时候。老师说的话，我应该理性对待了。

---

① 资料来源：节选自中国中部地区某高校学生周珊珊（化名）提供的教育传记文本材料。

二、学校和专业的选择：他人意志和自由选报

在强迫和压制性的学校教育环境中，学生若一味选择顺从，那么他们永远不会走向"克服自我中心阶段"；在自由的学校教育环境中，学生则极有可能走向"克服自我中心阶段"，进而达至自我成熟。学生中考、高考或考研时，学校和专业的选择，是考查学生自我发展所处阶段的重要节点。以下是一位学生对考试后选报学校和专业等具体情况的描述：

从选中学到选大学①

初中成绩好是一件非常令人自豪的事。我也有很多的奖励。这让那时的我觉得：学习就是为了得到自己想要的东西。我热爱它，且一直拼命地想要考入我们当地最好的高中：一中。

最后我如愿考入一中，但因为我的亲戚是二中（当地排名第二的中学）老师，所以家里人希望我能进入二中学习。而且进入二中，我属于第一学期学费全免的。我内心不甘，却又因为自己常常逆来顺受，最后带着不甘进入二中学习。……到了高三，我发现自己真的很想考一本，但是班上很多人已经超过了我。我感到压力很大。我只能不停地努力。高三最后一个月应该是算我这几年来压力最大的一个月了。……结果我考上了一本，英语及格了甚至可以说是高分，但是语文没及格。我填志愿的时候被上海某大学录取了，但我真的没想过要读这个专业。我甚至想过复读，然而由于一贯的顺从性格，我依旧选择顺从了家人。

自我的发展过程是在一个又一个的选择中完成。在具体的选择过程中，选择的标准是什么？有多少备选项？谁来做最终决定？这

---

① 资料来源：节选自中国西部地区某大学生杨乐凯（化名）提供的教育传记文本材料。

些问题决定着学生的自我发展机会的多少、自我发展潜力的开发程度等。拥有自由选择的权利、赋予自由选择的机会、提高自由选择的能力，这三者相互促进。然而，在学校教育环境中的一些关键问题上，学生并没有自由选择的权力和机会，由此，学校教育也制造了没有选择能力的个体。正如学生杨乐凯（化名）在其教育传记表述的那样"依旧是选择对家人的顺从"。

对于大学选专业这件事情，我也是挺无语的，不过我觉得一切都源于我对我的未来一点都不明确，以下就要为你展示的我选专业时的"狗血"剧情。

高考分数出来，成绩比重点本科线低了4分，我当时思索了很久，经过深思熟虑和与朋友的商量：我觉得我这么喜欢买衣服，也很喜欢逛淘宝，将来去开网店也是挺好的，所以我就想报电子商务专业，报的是我们那边二本的学校——广州大学。谁知道，重点本科批次的录取完了以后，某些重点本科院校又来了个补录。其中上海X大学和上海Y大学补充录取的名额都比较多。当时在老师和父母和同学的鼓吹下，他们都给我洗脑，说去补录的一本学校总比去二本的学校强啊。而且上海X大学也有电子商务这个专业的补录，所以我就抱着试一下的心态，在上海X大学挑了6个我比较喜欢的专业填进去了，并且不服从分配；同时我也关注到上海Y大学和上海X大学地方差不多，而且都叫海大，有许多相似之处，可是Y大学那些专业都太奇葩了，不是养殖就是生物科技的，我可不喜欢了。突然间脑子又进水了，我看见了机械设计制造及其自动化这个专业。当时觉得我爸是开塑料厂的，要是我能学这个专业，以后还有可能可以帮我爸一把呢！毕竟爸、妈一直都希望能有个儿子，将来子承父业什么的。所以，就这么个想法，我只报了上海X大学的机械设计制造及其自动化专业并且不服从分配。最后，我竟然被这个专业录取。……这个工科专业和我这么个女生完全不相配，还没法想象我将来是否能愉快地下工厂等就业问题。在我查到录取信息的时候其实我是难以置信，并且非常后悔的。[1]

选择专业应该以自己的兴趣和爱好为主，还是应该以父母、老师的标准为主？也许这不是简单的、对立式的二元选择，但无疑二者存在主次关系。即以学生自身的兴趣和爱好为根本，家长或老师应该注意培养学生的自我认知能力，并提供选报专业的详细资料，最终决定权交给学生自己。

其实，大多数学生的学校和专业选择虽然是自由的，但却是在迷茫之中。首先，竞争性的选拔教育体制不仅对社会封闭，而且这种体制内部也相互不开放。甚至一些家长和教师本身没有更多的知识和智慧来解决学生在大学和专业选择过程中所面临的问题。其次，学生即使处于迷茫之中，但也算迈出了自由选择的第一步。下面三位学生的描述就印证了学生在自由选择之中的迷茫状态。

其实很多时候面对选择，我会不知所措。在选专业时，我是很迷茫的，我不知道自己想做什么。哥哥建议我选择制药方面的专业，但我对医学没什么兴趣，可以说，我害怕接触医学，害怕自己做不好；我当时想报金融、会计、计算机等专业，但家里人都不太支持，最后报志愿时我也没细想就胡乱报上了，现在想想自己当时报的志愿感觉完全是胡闹，但事已至此没啥好后悔的了。最后之所以学现在的专业或许是命运安排吧。是好？是坏？不到最后难以知晓。[2]

转眼到了高考，高考考了550分，被北京师范大学珠海分校录取，专业是我自己"跟风"填的工商管理。填报专业本来是一件非常重要的事情。但在这方面，每一个学生得到的指导都很少。就我而言，填报专业不是根据自己的兴趣和特长，也许在成绩导向的教

---

① 资料来源：节选自中国西部地区某大学生杨乐凯（化名）提供的教育传记文本材料。

② 资料来源：节选自中国中部地区某大学生周双双（化名）提供的教育传记文本材料。

育体制下根本没有特长可言。我是一块璞玉，怎么打磨都行。①

填报志愿的时候身边只有一本参考书，没有打电话问老师、同学。问我爸的时候，他说，"你自己喜欢就好，都听你自己的"。这让我很意外，因为考完他说希望我报师范或者公安这种吃国家饭的。考虑了两天，我还是自己一个人默默地去网吧报了志愿。第一志愿就是上海××大学，能选的专业不多，都是挑自己看顺眼的就报了，说实在话，那时候都不知道市场营销是干什么的，就这样莫名其妙地被录取了。②

在选报大学或专业时，一些学生缺少足够的信息没有做出最优选择，也有可能根本就没有权利进行自我选择；一些学生在进入大学后，可能会很迷茫。但是，其中的一部分学生在迷茫之后走向自主，学会了为自己负责。个中缘由，可能是这些学生拥有很强的环境适应能力。

在强制性的文化背景下，较强的环境适应能力显然是优势；而在崇尚自由的文化背景下，较强的环境适应能力就是劣势，因为这种能力极易造成个体的顺从型性格。

选择就要坚持③

可是，自己选择的路，拼死也得走下去，还要好好走下去！不管怎么说，从来没有人逼我，学校是我自己选的，专业也是我自己选的，既然来了，那就好好学。尽管来到这里是无数个阴差阳错；可是上海××大学还是以其一些独特魅力吸引了我；尽管报插班生我心动过，转专业我考虑过，可是我最后的答案都是不转；与其转

---

① 资料来源：节选自中国中部地区某重点大学生张峰（化名）提供的教育传记文本材料。

② 资料来源：节选自中国东部地区某大学生王乐甜（化名）提供的教育传记文本材料。

③ 资料来源：节选自中国东部地区某大学生尚芳（化名）提供的教育传记文本材料。

去经管，我还是比较喜欢机械制造。……而且感情是最难以割舍的东西：认识的朋友都那么好、吃的也那么方便、学校也那么漂亮！我还有什么不满足的呢？而且，我在这里没有太大的压力。我自由、什么也不怕、也没有人来左右我的意志！我学习得很轻松也很快乐，远没有想象中的工科生的那般苦。我不仅没有挂科，还拿了2次一等奖学金，我可以有许多的机会。即使我将来真的找不到工作，我也不怕，我仍旧可以去开网店卖衣服，这么难的大学物理、高数A、C语言、制图我都过来了，我还有什么做不到的。面对妈妈对我将来的忧愁，我竟然已经能不假思索地回答，"我有信心"，而且我从没过得这么开心自由过，我不后悔，也不怕。

一些学生在迷茫中学会了适应，并在适应中找到了乐趣，表面上看是美好的结局。但判断个体是否在这一过程中实现了自我发展，关键是在下一个的选择的关口，他是否能够在文明价值的引领下做出正确的选择。

三、从乐此不疲到有所不为：自我成熟的跨越

林语堂71岁时回到我国台湾定居，将自己的书房命名为"有不为斋"。"有所不为"相对于"有所为"而言。"有所不为"是个体自我成熟的更高境界。"有所为"为人生立志和聚焦，"有所不为"为人生提供诫命和敬畏。

当然，在学校教育环境中，学生个体所处的人生阶段可能要求他更加积极地作为。但当个体对"积极作为"做一番思考之后，"有所不为"的价值就会凸显出来。而且，在强制性的教育竞争体制下，学生个体所呈现出的"积极作为"，可能并非出于其自由意志。若存在其他可以被选择项，学生有可能就选择了其他项。因此，在强制性的竞争性教育体制下，学生对"有所不为"思考，作为自我开始形成和趋向成熟的标志性事件。

不再寻求榜样①

以身教者从，以言教者讼。一个好的榜样能给你的生活带来意想不到的惊喜。小学阶段，由于我接触到的人不多，也不知道榜样是个什么样的概念。现实之中，我很少将谁视为自己的榜样，觉得把学习好的人当作榜样的说法太过严重了。这只能说是一个目标而已。我都是把书上的人当作榜样，像孙悟空、诸葛亮、曹操、雷锋等。可能现实中也有这样的人存在，谁叫我没有遇到呢。到了大学，我就不推崇榜样了，我觉得每个人的人生轨迹都不一样，你跟着你的榜样走，这一定就是正确的吗？你在他身上学到的东西就一定适合你吗？所以，我现在没有榜样，也不曾想过要找谁来充当我的榜样。

个体成长是否需要榜样？毫无疑问，需要榜样，但不是盲目地追求榜样的一切。因为，这个世界上没有完美的个体，学生仰望的榜样也是一个平凡之人。当学生不再仰望榜样，而是将其作为平凡个体，并认真学习着平凡个体的某些优秀品格，那么学生个体的自我发展确实已经进入了理想状态，进入了"超越自我中心阶段"了。

不再依赖父母②

大学里的我不再是那个凡事都依赖父母的小女生了，现在的我开始独立。自己的事情靠自己做好，生活费尽量自己解决，想买什么东西自己赚钱去买，自己丰衣足食是一件很幸福的事。请朋友吃饭，花的是自己靠双手挣来的钱和花父母的钱是完全不一样的感受。再者说，大学里的我们已是成年人，平时周末去做做兼职，少

---

① 资料来源：节选自中国东部地区某大学生尚芳（化名）提供的教育传记文本材料。

② 资料来源：节选自中国东部地区某大学生王玲（化名）提供的教育传记文本材料。

花父母的钱，也是应该的。

在经济上不再依赖父母只是个体走向独立的第一步。经济的独立，学生才能不再仰望家长，家长的建议才不再是"命令"，而成为真正的"建议"。经济独立为学生意志的独立打下了基础。

不再"乖"①

因为从小被否定，所以不自信；因为有自己的想法的时候，没有得到倾诉的机会，在父亲的眼中，我的一切话语似乎都是儿戏的话。慢慢地，我习惯了什么都不说，或者已经是一种惰性，懒于思考，为了生活而生活；因为童年被训练得很乖巧，曾经当我被称赞为十分听话的小孩时，我就很开心很自豪。

但当我长大以后，发现"乖"——那是一种父母对我的定义，希望我孝顺他们！我知道，将来我也会孝顺他们的。而在别人眼中，也许这和傻男孩没有什么区别，也许想不到什么别的赞美的话语，而因此继续套着"乖"的帽子。当我意识到这个问题的时候，我开始抗拒别人这么形容我。写到这里，似乎父亲的教育不足以称之为成功。矛盾！相信这是个矛盾的问题。因为一切都不可能完美，如果不想矛盾，那就自己进行后天的改变吧。

在父母眼中，孩子"听话""乖"，才是"好孩子"。之所以如此，是因为中国家长一般将孩子看作自己的附属品，可打、可骂、可任性管理。孩子于是被引导成"乖"孩子。但孩子一旦拥有自主意识和自主能力，就会发现原来所谓的"乖"的价值取向是多么狭隘。因为，将"乖"作为孩子成长的核心价值，一般会将孩子的自我发展固着在"前自我中心阶段"。

在学校教育环境中，学生不再盲目"听话"，不再盲目相信"老师的话"。这也是学生自我发展的例证。

---

① 资料来源：节选自中国西部地区某师范大学生韩艳芳（化名）提供的教育传记文本材料。

不再盲目听老师的话①

在老师眼中我是听话的好学生，刚开始我认为，老师说的都是对的，也特别听老师的话，但随着年龄的增长及生活阅历、知识的增加，我渐渐明白老师也不是完美的，他们也有有错的时候。我应该理性对待了。

当学生个体不再对外界提供的东西全盘接受，并开始根据自我需要做出取舍时，其自我意识处于积极活跃状态。这种状态将为自我提供持续性的动力。

反思能够促进学生个体的自我成熟。但是反思本身也需要有价值导向，反思应该导向自我人性的跃迁，导向文明中的积极价值。下面两位学生的描述就是验证。

一定要住寄宿学校②

这其中缘由，我小时候寄宿在二舅家，有一次不小心在二舅家弄脏床了。由于我拒不认错，被二舅狠狠地揍了一顿。那时的我认为，他们不够包容我。父母又不在，没人帮我，我觉得很无助。表弟、表妹在一旁看着，我的眼泪很不争气地流出来。为什么表弟、表妹也弄脏了不去责怪他们？为什么只是打我？为什么要我滚回我爸家里去？为什么我就不能在这里？那时候，我在大马路上走了很久很久，一边走还一边不争气地流着眼泪。我在想，我为什么要寄人篱下？为什么会如此无助？这些问题我那个年纪的孩子应该思考的吗？……我甚至不愿回想那段记忆。那时候我五年级，更坚定要出去读书，起码寄宿在学校。那时候，我也更坚信：有家人的地方，才能称之为"家"。

---

① 资料来源：节选自中国中部地区某大学生周双双（化名）提供的教育传记文本材料。

② 资料来源：节选自中国东部地区某大学生杨中华（化名）提供的教育传记文本材料。

"一定要住寄宿学校"，反映的是对"公平、爱和独立"的渴望和追求。这是一股力量促进自我的发展，并提供发展方向。

反思促进学生自我成熟①

我是一个喜欢自我反思的人，大概一个礼拜或者半个月一次。只要觉得有必要，我都会对自己这一阶段做的事情进行反思。通过不断地问自己这几个问题：最近状态如何、有哪些地方是自己不满的、在哪里可以改进等。每次反思过后，我的状态在接下来的几天都是比较好的。每次看到周围的人为着这些身外之物孜孜不倦时，我总会想起陶渊明，想到他的"归真"。每次想到自己能够静下心来做些自己想做的事情，这是一件多么快乐的事情！可是换句话说，这些追求着外在东西的人，也许他们也是快乐的，他们的人生价值就在于此。因此，要过怎么样的人生都是自己选的，没有对错！至少在我眼里，和我志同道合的人似乎少了一些，即使是认真读书的同学，多少也带着为争直研名额的功利目的。……这样的大学是可悲的。

对自己的想法进行反思，是自我成熟的必要手段；对自己看到的现象进行对照性地反思，从里面对照出自己的选择和取舍，更是促进自我发展的有效策略。

第三节　超越自我中心阶段：寻求自我的包容式发展

自我的包容式发展并不是放弃自我，而是将自我和世界融合为一体。自我的人性发展已经具有"共同体的思维方式"，处于"超

---

① 资料来源：节选自中国东部地区某师范大学生周婷（化名）提供的教育传记文本材料。

越自我中心的阶段"。在这个阶段，个体的自我身份认同不仅从"我"转换成"我们"，更将"我们"的外延扩充至人类文明共同体。在学校教育环境中，应然角度而言，当教育者用文明价值组织文明资源时，并以身作则践行文明价值，学生个体就能在教育过程中找到人生使命，并展开个体自我的包容式发展。而在竞争性的选拔教育体制下束缚太久的学生，即使在大学教育中的个体自我处于相对自由状态，但由于缺乏自我人性跃迁的使命感，缺乏将自我融入世界、融入文明共同体的自觉意识，他们的自我发展仍有待于进一步引导。

一、所期待的理想自我是什么

根据对学生教育自传文本中"你的理想"和"理想自我"的描述来推测学生个体自我发展所处的阶段和未来发展的趋势。以下是部分摘录。

我高考之前的理想确实就是想要好好考大学，现在，我的理想抱负只能模糊到我要过上比较好的生活，具体是什么我也不知道。[1]

在高考之前，学生的最大理想是考上大学，完成阶层跃迁。这一理想也被模糊为"为了将来要过上好生活"。当学生考上大学后，"考上大学"的理想已经完成，"过上好生活"又被具化为"找到好的工作"。按部就班，似乎很符合常理，但自我发展和人性跃迁需要自我不断地反思。

不要像现在那样随遇而安[2]

我希望我可以找到自己的强项并且好好利用，不会像现在抱着随遇而安的心态，见一步走一步，连以后该干什么都不知道。

---

[1][2]　资料来源：节选自中国东部地区某师范大学生尚芳（化名）提供的教育传记文本材料。

小学就是考初中，初中好好考高中，高中好好高考，高考完了给大学录取，专业确定了就好好去学，学完了以后好好找到一份好工作。

当然，大部分学生的理想是考上大学以完成自我或家庭的阶层跃迁。然而，进入大学后，很多学生又开始迷茫了。因为他们毕业找工作或考研的抉择还在远方。所以很多同学一进大学就"随波逐流"。

最大的理想就是没有理想①

我最大的理想就是没有理想。但是我还达不到这样无欲无求的境界。很少想过自己的理想是什么，觉得一切顺其自然就好了。像成为老师啊，是因为觉得老师很威风，这些都是随波逐流的想法，还不至于被称为理想。曾经想过天降奇遇，突然自己就找到了归属。但这毕竟太虚无，做人还是现实点好。斗转星移，物是人非，匆匆而过的时间将我无情的驱赶。现在的我，只想着毕业了能找到一份好的工作而已，这是目前最大的理想了。

相对而言，根据"找到好的工作""随波逐流""最大的理想就是没有理想"这些词汇来判断学生自我发展所处阶段，比较困难。表面上看，这些词汇直接表征这些大学生的自我发展处于"前自我中心阶段"，但因为他们都已经经历了高考和选报大学和专业，经过努力拼搏，显然他们早已跨过"前自我中心阶段"进入"自我中心阶段"。由此而言，下一步大多数大学生的自我发展有两个选择，第一，通过其社会性的发展向"自我中心阶段"中的"社会功利主义阶段"迈进，第二，由"自我中心阶段"走向"克服自我中心阶段"。

---

① 资料来源：节选自中国东部地区某大学生王玲（化名）提供的教育传记文本材料。

二、残缺的墓志铭：我要追求什么

墓志铭是一种悼念性的文体，更是人类历史悠久的文化表现形式。墓志铭一般由志和铭两部分组成。志多用散文撰写，叙述逝者的姓名、籍贯、生平事略；铭则用韵文概括全篇，主要是对逝者一生的评价。

撰写墓志铭是将学生个体的自我发展放在其整个一生的生命长度去考察。尽管学生提供的相关文本带有文学的色彩和想象的成分，但仍然可以从其墓志铭中窥见学生最珍视的价值。通过对这些价值的判断，可以推测学生当前自我发展的阶段和未来自我发展的方向。但大部分学生没有予以描述，现将予以描述的学生的墓志铭，摘录部分如下。

人最宝贵的是生命，生命对于人来说只有一次，因此，我希望我一生是这样度过：当我回首往事的时候，不因虚度年华而悔恨，也不因碌碌无为而羞愧，这样在临死的时候，我才能够说：我的生活和全部的经历都献给世界上最壮丽的事业——为人类的解放事业而斗争。①

尽管所摘录的文本出自苏联作家尼古拉·阿列克谢耶维奇·奥斯特洛夫斯基（Nikolai Alexeevich Ostrovsky）的小说《钢铁是怎样炼成的》（*The Making of a Hero*）。但当学生把它摘录下来作为自己的墓志铭，却足以显现这个学生的理想抱负和价值取向。"没有虚度年华""没有碌碌无为""为人类解放事业而斗争"，尽管这些"高大上"词汇在当前"物质至上"的时代显得非主流，但是当学生经过认真思考并将这些价值作为墓志铭时，就预示着其自我发展进入"克服自我中心阶段"甚至迈向了"超越自我中心阶段"。

———————————

① 资料来源：节选自中国中部地区某大学生周萍（化名）提供的教育传记文本材料。

也许我一生努力，就想获得一句话来认可自己，"他是一个拥有自我意志，努力而勇敢的人"。这句话也是我想将之刻在我墓碑上的话。①

对自我的认知是个体最难的课题，它持续一生。通过"努力""勇敢""自主"等价值的考察，并结合其完整教育自传的分析，该学生个体处于"克服自我中心"阶段。

我最喜欢的两句话便是："有志者事竟成""越努力越幸运。"我觉得这两句话很有道理。你首先要有自己的目标然后很努力地去做，也许过程很辛苦，但是你会有很多的收获。即使最后没有到达最完美的目标，你也会拥有很好的收获。做一个对自己好对他人也好的人，明白自己想要的是什么。选择最正确的路，选自己所爱，爱自己所选。②

"努力""志向""对自己好对他人好""明白自己想要什么"等这些词汇显示，该学生处于"克服自我中心"阶段。

墓志铭的设计更倾向于调查学生个体对持续性人类文明价值的认可程度。但调查发现，很少有学生愿意考虑和分享这个深刻问题。

当个体将自我开始与人类文明共同体融合时，墓志铭的写作就自然而然。每次看到伊曼努尔·康德（Immanuel Kant）的墓志铭，都有一种感动，因为它包含了人性和文明的深刻和高远（见图5-1）。

有两样东西，我们越经常和持久地加以思索，它们就越使心灵充满始终新鲜、不断地增长的景仰和敬畏：在我之上的星空和居我心中的道德法则。③

---

① 资料来源：节选自中国中部地区某重点大学生张峰（化名）提供的教育传记文本材料。

② 资料来源：节选自中国西部地区某师范大学生杨莹（化名）提供的教育传记文本材料。

③ 伊曼努尔·康德的墓志铭：仰望星空［EB/OL］. http://blog. sina. com. cn/s/blog_52df88e10101ioy2. html/2018-07-18.

图 5 - 1　伊曼努尔·康德墓志铭

资料来源：百度图片。

第四节　个体的自我发展与人性跃迁

　　个体的自我发展统一于人类人性跃迁的四个阶段，即从"前自我中心阶段""自我中心阶段"到"克服自我中心阶段"再到"超越自我中心阶段"。个体处于"前自我中心阶段"和"自我中心阶段"属于自然本能的两个层次。"克服自我中心阶段"属于个体社会性发展的必然要求。可以认为，"克服自我中心阶段"属于个体自我发展的社会取向阶段。个体处于"超越自我中心阶段"属于自我发展的文明取向阶段，个体自我与人类文明融为一体。

　　当然，个体自我的发展和人性的跃迁需要文明价值等文明资源的引导。而学校教育是传承和传播文明价值和资源的途径和通道。而当我们仅仅将学校教育看作是人才的选拔机制或个体实现阶层跃迁的工具时，我们对过往教育历史的认知、当前教育活动的开展和未来教育的建构就缺乏了文明的视野。个体的自我发展和人性跃迁，必然因为我们的狭隘视野、效率取向的学校教育体制的局限等，而遭到阻滞。

一、人性的本能：条件反射与经验复制

人类个体天生具有模仿能力，但不是天生具有反思能力。条件反射和经验复制是人性的本能。当学生个体在"自我中心阶段"，自我与他人的丛林式竞争是自然而然的本能。在这种竞争环境下，个体所面临的安全感问题必然会产生。这个阶段学生需要的不是竞争和强迫性的学校教育环境，而是一种文明价值的引领，并用文明价值消解"自我中心阶段"可能具有的人性的自私和冷漠。

不过，当教育体制作为竞争性的人才选拔机制时，在其中的学生和教师自然而然地成为功利主义体制的"链条"，他们自身也成为竞争性体制的牺牲品。学生和教师都成了致力于追求竞争优势的逐利者。且看下面一位学生的"我的教育生涯给予我哪些知识？"传记描述。

教育生涯给予我许多专业的知识和能力。老师在课堂上列举的例子、发表的看法，有时也在一定程度上影响着我某些价值观的形成。不过，我个人认为，很多老师从小给我灌输的主要是类似于"要不停地好好读书，不读书就没有好出路"的一些观念，甚至是"让我们去死读书"的观念。这些都让我挺不喜欢的。我时常觉得，正是这些观念导致我现在连发展其他兴趣的机会都没有了。我小时候，其实很喜欢画画、跳舞、朗诵，也一直很想去学钢琴和古筝，可是老师和父母逼得我只能去学习、一定要去学习、一定要好好学习。现在，我甚至觉得儿时的好多天赋都给抹杀了……等我长大了有能力选择的时候，我的未来就已经被确定好了，毕业之后找工作、好好赚钱养家、生儿育女。一辈子就这么完了。……如果小时候，我有和学通识课一样的机会去接触喜欢的各种东西，好好地发现和运用自己的天赋，我就绝对不可能坐在这里寻求各科平衡综合

发展了。也不会像现在，面对连自己喜欢什么、有什么强项、以后该何去何从等问题，都这么迷茫了。①

众所周知的高考工厂——"毛坦厂中学"，是竞争性人才选拔学校教育体制的透镜。有报道指出。

"毛坦厂中学"的班主任是清一色的男性，对学生进行军事化管理；他们能否保住工作岗位，能拿到多少奖金，均取决于他们提高学生考试成绩的能力。班主任的岗位竞争激烈，教员室的墙上张贴着图表，按照每周考试的总成绩给每个班级排名次。到了年底，学生成绩"垫底"的教师可能会被开除。②

二、人性的跃迁：经验的反思与文明核心价值的引领

个体克服自我中心式的竞争本能，需要个体对自我经验的反思，当然这种反思要导向"克服自我中心"和"超越自我中心"所需要的文明核心价值的引导。

遭遇促进反思反思促进人性跃迁③

我所遭遇的这些变故会成为我人生的转折点吗？它会使我一蹶不振、自甘堕落？还是郁郁寡欢、不能自拔？好像都不是，我的变化只有一点，就是我开始体会我妈的感受了。以前一天要用10块钱买零食，把零食当饭吃。但我爸去世后，觉得那些东西也没那么好吃了；以前不知道什么叫惦记和分享，但当我爸去世之后，别人给了好吃的东西，我都会藏起来一点拿回去给妈妈尝尝；以前，谁都别想让我干半点活，但我爸去世后，我会想办法把那个坑坑洼洼

---

① 资料来源：节选自中国东部地区某大学生尚芳（化名）提供的教育传记文本材料。

② 揭秘亚洲最大高考工厂毛坦厂中学的"监狱生活"［EB/OL］.http：//www. 83133. com/doc/193493_3. html/2015 – 06 – 08/2016 – 02 – 08.

③ 资料来源：节选自中国西部地区某师范大学生杨莹（化名）提供的教育传记文本材料。

的水泥地面擦亮……以前我的眼里只有我自己，后来我的眼里开始有了别人，我妈，我姐，大姨家的三哥，以及每一个在我家面对困难的时候帮助过我们的好人。

对他人的关注，个体通过"关心""爱""感恩"等增强个体自我的社会性价值体验，由仅仅"关注自己""我"，转向关注"我们"时，人性的跃迁就已发生。

信仰的力量①

如果说懵懂的幼年，他（哥哥）教会了我在团体里定义自己，那么，这个时候他教会了我在社会中定义自己是个什么样的人。人在社会，需要坚持、需要有韧性、需要信仰！或者说信仰就是一种揉搓之后的韧性，每个人心里都有着自己的信仰。只是很多人都没有发现，信仰可以是一个人、一件事、一句话，或者一个想法。……而信仰、韧性是激发一个人内心潜能的强大动力。坚持，因为信仰；韧性，源自坚持。

"坚持""在家庭中定义自己""在社会里定义自己""信仰"等传达社会性价值的词汇，需要他人传递或自己反思，以促进个体人性跃迁。

三、从人性的弱点到人性的优点：教育的必要性

人性问题是每一个教育家或教育思想家不得不面临的问题。它是开展教育实践活动的前提，是教育研究的基础问题。在学习某位教育家的教育思想、把握其人性论时，不可以脱离教育家所处时代面临的教育问题情境而单独论述。

涉及人性问题和教育问题的研究不是简单的事实研究，而是需要研究者相信、体认、提升并建构有价值的专业实践活动。因此，

---

① 资料来源：节选自中国东部地区某大学生王勇（化名）提供的教育传记文本材料。

教育研究不可能是简单的科学研究而必须是价值倡导和价值建构的复杂的实践活动。

人性研究也同样如此。人性跃迁犹如上楼梯，从"前自我中心阶段"到"自我中心阶段"，然后再到"克服自我中心阶段"和"超越自我中心阶段"。每上一个台阶，都需要用文明价值去引导。引导的过程就是教育的过程。人性有弱点，当个体局限于"前自我中心阶段"和"自我中心阶段"时，个体的人性就表现为"无知""懒惰""自私""冷漠""嫉妒""骄傲""野蛮"等特征；当个体用社会性价值或人类共同体的价值来克服"自我中心"，走向超越"自我中心阶段"时，个体的价值取向就表现为"和平""奉献""慈悲""公正"等。这些可看作人性的优点。个体从人性的弱点跨越到人性的优点，并不是自然的行为，而是需要外在引导和个体努力。教育过程就表现为在外在引导和鼓励下个体致力于人性跃迁的过程。在教育过程中，当教师明白了（经历）人性的弱点，又知道了人性的优点，就会引导学生从人性的弱点主动走向人性的优点。教育实践活动必须以人性跃迁为终极指向。

四、人性跃迁的阻滞：一种缺乏文明视野的教育过程使然

柴静曾在《看见》中回忆自己在大学期间学习政治课的情境，并将其与美国中学语文所蕴含的政治教育作对比。

《论公民的不服从》（*On the Duty of Civil Disobedience*）这篇曾经带给马丁·路德·金（Martin Luther King）启发的文章，今天收录在《美国语文》（*The Eclectic Readers*）里，是不少中学生的课本，教材中这篇文章后面有三道思考题："梭罗暗示谁应该对墨西哥战争负责？""根据梭罗的观点，为什么一些人可以滥用政府权力而免受惩罚？""根据梭罗的观点，什么时候美国在可能的范围内是

最好的政府？"。①

这样的问题，向中学的孩子提问。而20岁的我，读的是财会专业，我也有政治课，但是抄在本子上的，是大学政治经济学课上一二三四。为了应付考试，我都背了，从来没有主动地问过问题，也没有人需要人们参与讨论，背了标准答案就可以，一个字也没往心里去，书的边角还抄着流行歌曲的歌词。②

年轻的时候是对社会参与最有热情的阶段，可是我们到做了记者，才想一些基本的问题：政治与我有什么关系？教育是用来干什么的？政府的存在是为了什么？③

在竞争性教育体制里生活太久的学生，即使进入相对自由的大学阶段，依然保持着应试取向。就像笼中的鸟，由于在笼中待太久，放出笼子也忘记了飞翔。在竞争性教育体制所营造的学校教育环境中，我们怎么可能通过"压迫、强制、冷漠、竞争求胜"，来培养学生持有"自由、独立、爱、慈悲、宽容、智慧"等文明价值？难道先让学生遭受"冷漠、盲从、反复记忆、痛苦"等负面价值之后，从中反思出"己所不欲，勿施于人"的智慧，从而去寻求正向价值吗？显然，这种教育是没有任何价值的，更没有教育性。教育实践是在学生心灵上播种，播下什么长出什么。以下是学生林妙（化名）关于"整个教育生涯的收获"的描述④：

教育生涯给予的物质自我：……有的话可能就是奖学金、荣誉证书。荣誉证书，我觉得那更多的是一种荣誉，倾向于精神上的鼓励吧。

教育生涯给予的社会自我：因为好的学习成绩，会是让爸妈觉得骄傲的事情，也会是别的家长教育自己的小孩时所提到的"别人

① 柴静．看见［M］．桂林：广西师范大学出版社，2013：141.
②③ 柴静．看见［M］．桂林：广西师范大学出版社，2013：142.
④ 资料来源：节选自中国东部地区某重点师范大学生林妙（化名）提供的教育传记文本材料。

家的小孩";也得到老师比较多的关注，……当然每个阶段都会有很好的朋友。

　　教育生涯给予的精神自我：……我觉得教育的确给予我很多精神上的东西。让我有了知识，学会了思考，看到了更广阔的世界，有更宽的视野。……我从初中开始就经常会想学习成绩好有什么用呢？高中的时候就更觉得成绩代表不了什么，觉得它和能力完全不能挂钩。一直到大学，我还是那么觉得，虽然没有特别反感了，但也还是觉得成绩代表不了能力。我希望自己是一个会独立思考，有自己的思想，能追求自己想要的生活的人。

　　当接受过学校教育，学生若对自己、对社会、对人类文明的认识和对人类文明价值的认同还处于初级阶段时，就应该反思教育过程是否促进了学生自我的人性跃迁？与人类文明历史中的教育实践相比，如今的教育实践是否阻滞了学生自我的人性跃迁？

第五节　本章小结

　　通过对学生"自我主题"的教育传记的分析，在竞争性的教育体制背景下，个体学生处于适应应试体制的阶段。在此阶段，个体学生越是寻求适应或接受环境所提供的一切，自我的发展和人性跃迁越是处于初始阶段。相反，当个体在适应竞争性环境遭遇挫折开始对自我和所处环境进行反思时，自我的自主发展意识才被唤醒。学生个体自我，开始主动寻求文明资源和建构各种人际关系，促进自我发展和人性跃迁。学生在主动建构自我发展的过程中，某些行为会与竞争性教育体制产生冲突，与教师和家长产生冲突，学生出现反抗所谓主流文化的行为，会寻求"有所不为"。当然，因为所调查的学生都是竞争性教育体制的胜利者，他们自身没有彻底逃离这个体制环境。故在本书中，研究对象的选择存在一定局限性。

在学生跨越过竞争性的教育环境时，学生自我发展处于相对自由状态。从理论上讲，这种相对自由环境是自我发展的最佳环境。然而，想要实现自我发展，还缺失一个更重要的因素或条件，即文明价值的引导。缺乏这一条件，相对自由的环境促进自我发展的价值就大打折扣。这就是为什么个别学生进入大学后，自我的发展和人性跃迁几乎处于停滞阶段，甚至处于倒退阶段，因为他们还丧失了人生本应该具有的最基本的奋斗和努力。

显然，应该用人性跃迁理论和人类文明的视野，去反思我国的基础教育阶段竞争性教育体制是否合理；也要反思相对自由的大学教育教育阶段是否缺乏文明价值的引导。教育实践活动是自我发展和文明发展的工具，忽视教育实践活动的人类文明的传承与创新的本质属性和学生自我发展的这些立足点，所谓竞争性教育体制和自由的教育体制都没有存在的价值。

教育事业的推进和教育体制的改革，应该致力于用文明和人性的视野重构我们学校教育的教育目的、课程与教学体系、教育管理体系等。

第六章

学生安全感寻求与自我发展
关系之可能性地揭示

在本章，学生安全感的寻求和自我发展的关系的探讨将从两个层面进行。第一，在理想的一般环境中探讨理论层面二者可能的关系；第二，在学校教育环境中，根据对搜集到的学生教育传记文本的分析结果，探讨在不同的学校教育阶段和学校教育环境中二者的关系。

第一节　理论层面：个体安全感和
自我发展的可能关系

一、个体安全感的寻求和自我的发展是同时进行吗

安全感问题是个体在所处环境中都会面临的基础问题，个体的自我发展也是在其所处的环境中加以展开。个体所处环境的构成因素及其特征决定个体所面临安全感问题的性质和层次，同样个体所处环境的构成因素为个体自我的发展提供了基础和平台，个体所处环境的特征决定了个体自我发展的展开方式。

这里面存在一个理论难题，即：个体安全感的寻求和自我发展

是同时进行吗？还是个体先寻求安全感并在获得安全感的基础上展开自我的发展？在心理学研究中，一般将个体自我意识的出现即个体将自我与他人区别开来，作为自我发展的开始。但在教育研究或文化研究中，不宜直接采用心理学研究的结论，因为个体进入学龄阶段绝大多数都能区分自我和他人。自我发展的开端不是意识层面上能够区分自我和他人的差异，而是在文化层面能够区分自我和他人的差异。在教育研究或文化研究中，自我属于文化概念，它是文化建构的结果。因此，在文化层面能够区分自我和他人的差异是自我发展展开的标志。所谓在文化层面区分自我和他人的差异，指的是个体在文化层面上能够认识到自我独特性，当然这种文化独特性不是排斥自我与他人之间的文化相似性，而是超越自我与他人之间的文化相似性。也不是排斥身体或物质层面的差异性，同样也是超越这种差异性。即，在文化层面认识到自我的宝贵性和独特性。当然，当个体不仅认识到而且能够从中寻找到个体的目标和使命并践行目标和使命，个体自我的成熟和人性跃迁也进入另一个层次。

　　根据前文的理论建构，安全感的寻求既是个体的本能，也是个体的理性的需求使然。在个体拥有独立生存和生活能力之前，安全感的寻求是本能行为，即使个体所处环境能够保证其生活需要。在这一阶段，个体寻求安全感属于本能阶段，并不意味着个体不运用理性服务本能。理性，在此指的是个体精于计算的判断力，但不涉及价值层面的个人理性。

　　回到"个体安全感的寻求和自我的发展是同时进行，还是个体先寻求安全感并在获得安全感的基础上去展开自我发展？"这一问题上。通过上述，在本书中，学生个体在学校教育环境中先要寻求身体、物质等层面的安全感，并在获得这些安全感的基础上，从个体认识到自我文化层面的独特性开始，自我发展便随之展开。因为学生所处环境的构成因素及其特征影响个体所寻求的安全感的类型和个体自我发展的展开方式。

二、个体安全感在自我发展初期的作用

学生个体对安全感的寻求一直是主动的过程，而自我的发展则需要外在的规训和文明核心价值的唤醒。一般而言，个体对安全感的寻求动机远远强于对自我发展的寻求。随着个体阅历的丰富和能力的增长，个体对安全感需求的层次发生变化，当开始寻求意义和价值层面的安全感时，个体也同时进入了自我发展阶段。在自我发展初期，个体身体、物质、关系、能力等层面上的安全感，为自我发展提供了基础和平台，自我通过意义和价值系统重组安全感的各个构成要素，并使其内化为自我的构成要素。

三、自我发展的高级阶段与个体安全感的信仰层面

在自我发展的高级阶段，即"超越自我中心阶段"，个体实现与世界融通的自我包容式发展。个体安全感进入信仰即精神和心灵层面。自我发展和个体安全感的发展趋向一致。

但此时能否将个体安全感与自我发展合并为一个概念？根据人性跃迁的四阶段理论，人性层次的跃迁，后一个阶段只是超越前一个阶段，并没有否定或拒绝前一个阶段。安全感的主题尽管也不断地在变化，但都不存在相互否定的状况。即，在自我发展的高级阶段，表面看来寻求安全感在自我发展过程中尽管不再重要，但仍然很关键。因为若没有安全感作为自我发展的基础作用，自我发展很难切实推进，可能只是幻影。当然，也不排除个体"为了信仰奉献生命"的情况存在。自我发展的最终指向是自由或自觉之后的自由。西方文化背景下，自我的最终指向是自由，指向一种生命不息奔流不止的状态。在东方文化背景下，自我的最终指向是自觉，即知天命后的自由。在获得独立能力后，个体对环境的适应性目标完成或终止，安全感的寻求走向信仰层面；人生后期，个体面临死亡

威胁，部分个体安全感走向信仰，融入无限和永恒。相比安全感，自我的发展在内涵和外延上都比较丰富，个体信仰层面的安全感会融入自我的发展过程中。

四、个体安全感与自我的自由

个体的安全感是一种心理力量，自我的自由疆域是以自我为核心、以安全感为半径画圆所得的区域。自我的自由疆域是由安全感界定的，安全感的作用范围就是自我的自由疆域。自我的自由疆域并不是自我的核心，而只是其表现。自我发展的核心是形成推动自我不断地扩充自己、纳入世界的扩充机制。而这种机制实质就是个体自我不断地超越自我局限，与自由、永恒、无限相融合的超越性需求。

个体对安全感寻求指向是无畏，但无畏的实现却需要个体追寻比人类个体或整体更高的实在。个体寻求安全感，实质是寻求一种依赖关系，这种依赖关系为自我发展提供支撑力。从个体寻求安全感，从小依赖父母到独立承担社会角色依赖社会合作机制走向相对独立，但最终无法超越人类死亡，并止步于死亡。个体面对死亡，只有依靠信仰才能战胜对死亡的恐惧。

第二节　学校教育环境中学生安全感的
寻求与自我发展

学生个体所经历的学校教育环境在此将被分为两个阶段：竞争性教育体制环境阶段和相对自由的教育体制环境阶段。学生在基础教育阶段为竞争性教育体制环境阶段，大学教育阶段为相对自由的教育体制环境阶段。

一、竞争性教育体制环境阶段：学生安全感寻求的路径

通过对学生教育传记的分析研究发现以下五个方面。

（1）在竞争性学校教育体制背景下，身体层面的安全感的是学生安全感寻求的持续主题。而且随着竞争的加剧，学生课程学习的难度也在逐渐加大，学校的管理（封闭式管理和强制性管理）日益严苛，学生感受到的身体所受到的压制逐渐强烈。当然，学生通过不断的调适，即对身体所受到的局限进行选择性忽视，将关注的焦点转移到物质层面的安全感即更能体现竞争性优势的成绩上面。

（2）在竞争性的学校教育环境下，在小学和初中阶段，成绩并不是学生安全感需求的主要方面（受到调查样本限制，所调查学生的学习成绩在小学和初中阶段都比较优秀）。到了高中阶段，由于科目增多和学习难度加大，名次变化和成绩好坏构成了此阶段学生安全感寻求的主题。

（3）在竞争性的学校教育环境下，学生寻求人际关系层面的安全感，主要集中在获得家长和老师的肯定和鼓励上。学生之间建立的友谊倾向于非竞争性的友谊，即与非直接竞争对手建立友谊。异性交往方面，部分学生在小学末期和初中阶段对异性产生好感，到了高中阶段由于学校管理的压制和禁止，班级内异性交往较少，即使存在异性友谊，一般局限于同桌或前后桌。

（4）在竞争性教育体制环境下，学生能力层面的安全感局限于学生学习能力以及考试能力。受样本选择的局限，提供教育传记文本的学生的学习能力诸如学习时间安排、知识学习总结和反思能力都比较强，考试能力自然不差。但人际交往能力、学习之外的独立思考能力等方面，却没有发展，他们也没有过多地将注意力放在这些方面，自然这些不能成为此阶段学生安全感寻求的主题。

（5）在竞争性教育体制环境下，学生精神或信仰层面的安全感寻求，大多数处于"无"的状态，即使有也只存在知识学习层面，

诸如"一定考上大学""越努力越幸运"之类的。更高一级的心灵层面的信念则不存在。仅有部分学生在遭遇到疾病或与亲人的生死离别时，才萌生出对"生命意义""爱""生命的脆弱性"等相关主题的思考。

二、竞争性学校教育体制环境阶段：学生的自我发展

研究发现，在竞争性学校教育体制环境背景中，整体而言，学生处于由"自我中心阶段"迈向"克服自我中心阶段"，由自我发展的自然状态向社会性状态过渡，学生的行为方式采取避免惩罚和社会功利取向。

若用心理学词汇来描述此阶段学生自我发展的状态，"镜像自我"最为合适。此阶段，学生主要根据外在要求和期望去发展自我，但是仍然没有找到自我发展的内在动力，没有意识到自我和他人的文化独特性。当然，原因可能是，此阶段的学生对文化资本的积累和获取受到竞争性教育体制环境的压制。事实上，学生在此环境下生存自身已经疲于应付。因此，在竞争性教育体制环境下，大多数学生对自我发展的所需要的小环境的自主建构则显得困难重重；竞争性教育体制环境并不允许每一个学生自主地建构自我。

在学生自我的发展过程中，人际关系的建构一直是评判学生自我发展程度的重要指标。学生个体从对"我"的关注转向对"我们"的关注，标志着学生自我发展的第一步跃迁。小群体或共同体的建立是考查学生自我发展的重要指标。此阶段的学生教育传记，主要提到了"重要他人""班集体""恋爱关系""同寝室"等。这些人际关系对学生的自我发展很重要，其中，诸如"班集体""同寝室"之类的关系属于教育环境中的自然团体，即不需要个体主动要求就能进入的团体。学生在这类团体中，使用"我们"之类的词汇表达共同体时，并不一定就代表个体自我人性跃迁或自我发展实现跨越，要验证是否实现跃迁，还同时需要考察话语的背景。

而在此阶段，"重要他人"大多数指的是"教师""家长""哥哥"等长者。关心是关系建立的前提，在本书中，这种关系的建立主要源于自己的成绩的优秀，从而获得了关注，或者源于血缘的亲情自然获得关心。"恋爱关系"是考查自我发展在"关系层面"表现的重要指标之一。正如在本书第五章所揭示的那样，在大学阶段以前出现的"恋爱"，在我国被称为"早恋"，属于学校管理方和家长"严打"对象。尽管学生身体发育在高中阶段已经成熟，"恋爱"仍然被禁止。在此背景下，学生的"恋爱"，即使是"暗恋"，也都预示着学生从仅仅是"关注自我"开始走向"关注他人"，而且，这种关注焦点的转移有着重要的心理期望，即通过"关心"赢得"暗恋或恋爱对象"的关心。这种对他人"关心和爱"的期望，与对"竞争对手"关注有着实质的不同。

在竞争性教育体制环境中，学生、家长与教师共同的目标是让学生考上大学。学生对这一目标的认同或顺从并不是自主选择的结果。在这种压制性环境中成长的学生，其自身缺乏自由和自主意识，更缺乏家长和教师对这种自由、自主意识的引导，更不用说教育本应该培养学生这方面的能力。当学生进入大学，学生就陷入了"自由""放纵""没有责任感"的状态中。殊不知，这是他们先前所接受带有局限性的学校教育必将会导致的结果。

在竞争性教育体制环境中，学生缺少的不是知识和能力，而是缺乏真正融入人类文明实践中，缺乏受到文明之光照耀并唤醒自我人性中的崇高与永恒的日常学校教育环境。这种文明之光实际上是人类文明价值对人性弱点的克服和对人性优点的唤醒。诸如，文明价值中的"正义""真理""智慧""爱""慈悲""关心""合作""责任""自由""民主"等价值，它们本身就是文明之光的载体。文明的传承和创新实质上围绕这些价值所进行的传递和创新活动。这就要求对学校教育环境重新构建，并检讨教育体制、检讨教师的发展目标和学生的培养目标。竞争性教育体制环境，牺牲了文明价值，牺牲了置身其中的教师和学生，牺牲了参与其中的家庭。

总之，学生在竞争性教育体制环境中，大部分学生的不安全感处于时刻唤醒状态，学生的自我发展处于压制状态。这种压制、强迫的教育环境迟滞了学生的自我发展。

三、相对自由的大学教育环境阶段：学生安全感寻求的路径

与压制、强迫的竞争性教育体制相比，学生进入大学教育阶段则是进入了相对自由的"天堂"。学生选课、上课、课余生活等完全进入了自主阶段。但由于学生没有在之前的教育过程中获得自主能力，而在大学阶段又缺乏相应引导，调查发现，一部分学生对大学阶段的生活是失望的。

由于学业竞争的选拔功能已经不存在，部分学生对学业的追求目标下调为考试及格，学业成绩所唤醒的不安全感几乎不存在。但对于优秀学生而言，获得奖学金的渴望还是存在的，因此，一部分学生希望评价的规则更加公平、透明。

物质层面所唤醒的不安全感，表现在部分学生因经济状况不佳而产生社交焦虑甚至心理问题等。学生进入大学，所处的生活环境已经完全不同于高中时的生活环境，学生关注的焦点不再局限于成绩好坏，而是逐渐扩展到其他方面。学生之间经济状况的差异，成为唤醒学生不安全感的主要因素。

由于学习状态和生活状态的自我放纵和散漫，导致部分学生对大学教育的价值产生怀疑。就笔者所经历的，自己大学室友差一点退学去上技术学校。但最终，在辅导员的劝说下没有退学，但专业课却重修了好几门。这种状况下唤醒的就是学生个体价值和意义层面的不安全感。

学生在人际关系层面的安全感需求在下降。由于大学阶段，师生接触的机会和频率减少，师生关系在学生提交的教育传记中不再属于高频词汇，也不再唤醒学生的不安全感。当然，负责管理学生

的辅导员对学生日常学习和生活的影响还是很大的，但不会唤起学生的不安全感。

四、相对自由的大学教育环境阶段：自我的发展状况

相对自由的学校教育环境下，学生离开家庭甚至离开家乡去其他城市求学，他们的独立意识和自主能力开始增强。但是，他们毕竟是从一种压迫和强制的教育环境中释放出来的，对于享用不尽的自由自在，自然是先放纵地享受。当他们不再过度沉溺于这种自我放纵的生活时，个体的自我反思便随之展开，开始对自我展开自主建构。这种反思后的自我发展的自主建构路径也具有多样性。根据调查，有的学生重新选择努力学习，加入考研和考证"大军"。这种自主建构自我的方式，尽管相对之前的放纵生活是一种进步，但究竟在多大程度上属于自我自主发展则取决于他们是否对自己的认识更加深刻，他们选择这种生活是否在盲目地跟随考研和考证的潮流。

在本书第五章描述学生在竞争性教育体制环境下选择"有所不为"时，有的学生选择"不再'乖'""不再盲目相信老师""反抗主流文化"等。在自由的教育体制环境下，学生在享受"放纵式的自由"时，普遍处于"不为状态"。他们在此阶段从"不为"到"有所为"，可以看作属于自我发展的表现形式之一。然而，从人性跃迁的视角来看，他们是否从对"我"的关注转移到"对他人和共同体的关注"？这里已不再将"恋爱关系中的他人"作为人性跃迁的指标，因为大学期间的"恋爱"已经非常普遍。

但需要强调的是，自我的发展在人性的任何一个阶段都要处理"自我"和"非我"（他人）的关系。理想状态下，二者的关系是相互平衡的关系，就像基因序列的双螺旋结构，而非"相互中和"或"此消彼长"的关系。同样，所谓"克服自我中心阶段"，并非要消灭"自我"与"非我"（他人），而是要克服"自我中心"，将自我和他人的相互关系平衡化；而在"超越自我中心阶段"，

"自我"和"他人"的关系不再是主角，而是将"自我"和"他人"的关系融于"共同体的使命"之中，即"共同体的使命"既高于"自我"又高于"他人"。

研究发现，大学阶段也有部分学生自愿参加志愿者服务活动，给他人或弱势群体奉献自己的知识和才华。志愿者的服务和奉献精神是学生自我发展成熟的关键指标之一。同时，他们在志愿活动中找到志同道合的同伴，找到共同体的归属感、甚至是人生的意义与价值。

也有部分同学自主选择所感兴趣的"社团"来发展自己的兴趣。也有学生为了增强自己的独立能力，在学习之余选择做"兼职"，通过兼职活动既促进了自我成长，又应付了日常生活的基本开销。但也存在这样一种情况，通过校外的某些兼职，一些同学能够获得相当丰富的金钱回报后，极易沉溺于这种"独立"的假象，因为学生的主要任务毕竟还是学习专业知识和提高专业能力。

尽管在自由学校教育体制环境下，相比之前竞争性的学校教育体制环境，学生自主意识和自主能力确实得到了提升和增强，但也导致部分学生在此期间的迷惘。需明白，自由教育的实施必须以师生能够持续、广泛地接触为基础，这也是英国、美国部分顶尖大学本科学生实施寄宿制学院的原因，即：通过将学生和教授的生活、学习、教学等活动的融合一体，形成一个高度整合的学术共同体；学生和教师在这种相互持续的互动中，自我获得自由而高质量的发展。这样的教育模式是受到文明价值持续陶冶的教育，学生和教师都受到文明价值的引导和提升。

第三节　本 章 小 结

学生的安全感的寻求会影响学生的自我发展。在竞争性学校教育体制环境中，学生处于适应环境阶段，个体关注的是如何在环境中生存，个体追求的是如何保持竞争优势，丛林式竞争法则在这种竞争性学校教育体制中得到移植。于是，竞争成为个体选择的最高价值。在缺乏高于"竞争"价值的其他价值引导时，学生几乎不可能去关注自我的人性跃迁和文明价值的传承。甚至利他性的社会合作意识也很难出现，更不用说拥有"人类命运共同体"或"人类文明共同体"的自我认同。这就是学生安全感的寻求影响学生自我的发展和文明价值的传承的机制。

人性跃迁不是个体的自然行为，而是人类文明价值引导后才会出现的理性行为。而人类文明价值和其他人类文明资源除了自求之外，还需要以身载道的教育者引导和传承文明之光的教育机制的促进。即：学生的自我成长表面上看是受到教育体制环境制约，实质上受到教育关系决定；而这种教育关系是用人类文明价值和人类文明资源建构的；同时这种教育关系的维系需要以教育体制为基础。师生关系是诸多教育关系的核心，要建构基于"文明传承和创新共同体"的师生关系。因此，也需要赋予教育体制以文明底色。

传统中国的教育体制是国家的教化体系，其承担的是国家政治和文化的"化民成俗"之使命，由具有"修齐治平"理想的"士人"社会阶层作为社会的"中流砥柱"，"士人"用"士当弘毅"使命感和品格传承中华文明。中国现代教育体系缺乏精神向度，整个系统围绕外在的世俗功利而运转。因此，需要重新确定我国现代教育体制的精神内核。现代教育的发展是在人类多元文明互动的背景下展开的，这就要求从更广阔的视野上把握教育与文明的关系。即，教育活动是文明传承和创新的通道，在学校教育过程中，要确保整个教育系统具有开放性和建构性。坚持教育系统的文明底色，用文明资源和文明过程培养以身载文明之光的教师和学生，去传播和创造更多的文明之光。

应该重新反思中国现代教育过程中的教育目的，并且将教育目的确立原则回归到个体的人性跃迁和文明实践本身。个体的学生要在教育过程中体验到正面、积极的经验，并在这个过程中完成自我的发展和人性跃迁。

第七章

"安身立命"作为教育实践目的：学生安全感寻求与自我发展的双重实现

通过对学生教育自传文本的分析，需要对现代学校教育实践加以反思。这种反思不是基于现代教育的某一细节进行碎片化反思，而是用一种包含深刻性和系统性的文明视野，对现代教育系统进行根本性的反思。即，对如何确立教育实践活动的目的和确立什么样的教育实践活动的目的进行根本反思。本章考察了人类历史中的教育实践活动的目的类型和特征及确立依据；在这个基础上，提出将学生个体"安身立命"的实现作为教育实践活动的目的。在本章中，"安身立命"拥有学生"安全感"寻求和"自我发展"双重实现的意味。

第一节　学校教育实践目的的特征考察

用文明视野观察教育活动和教育系统，需要重新思考教育活动和教育系统的目的。但确立统一的教育实践的目的，需要对人类历史中存在过的教育实践目的进行分析。通过形而上和形而下的分类方法对人类历史中的教育实践目的进行分析之后，本节提出了确立统一的教育实践目的的标准，并论证了学生"安身立命"的实现作为教育活动的统一或终极性目的。"安身立命"的内涵在本节中得到了重新阐释,"安身立命"作为教育实践的统一目的,保证了学生个体安全感寻求和自我发展的双重实现,同时,实现了教育活动和教育系统的文明底色。

一、学校教育实践目的形而下特征的当代考察

《易经·系辞》有言:形而上者谓之道,形而下者谓之器。一般关于哲学的分类,形而上学指的是关于世界本源的学问体系,形而下学指的是在形而上体系的根本上生长或演绎出来的道德哲学、政治哲学和自然科学等。形而上特征指的是某种事物与诸如"道""本体""实在"等形而上概念相关联所表现出的特征;形而下特征指的是某种事物关联世俗社会及由此所表现出的某些特征。先来看教育实践目的的形而下特征。

(一) 功利性

显而易见,教育实践目的具有形而下特征。首先,它表现为不同主体对学校教育实践目的或期望的表达具有典型的功利性。这种功利性与个体或群体的世俗需要或相关经验相关。一般而言,教育(实践)目的[①]是指教育活动中教育主体所要达到某种预期结果,是对受教育者将要达成状态的期望,即期望受教育者接受过教育后,在身心诸方面发生什么样的变化或者产生怎样的结果。常见的教育(实践)目的就源于世俗社会某一主体或共同体的教育期望。从个体、群体、阶层、国家、民族来看,不同立场和视野的主体对教育实践活动的期望也不尽相同。教育期望固然与实际的教育结果存在差异,但在不同主体所表达的教育期望之间是否存在着某种统一性,能否将这种统一性作为确定教育目的的首要原则?

---

① 教育实践目的与广义的教育目的的概念、内涵与外延相同。

在我国，教育（实践）目的即学校教育体系的教育实践活动目的，是指国家共同体或社会共同体作为对学校教育实践活动所要造就的人才的质量规格所作的总体规定与要求。我国教育学界关于教育实践活动目的的讨论也大多局限于维护国家政治秩序与社会秩序稳定的立场或人才培养的"功用"视域。约翰·布鲁贝克（John S. Brubacher）在《教育问题史》（*A History of the Problems of Education*）中说，现代社会的构成主体是多元的，现代社会中教育思想资源必然具有丰富性和多元性。现代社会中基于不同的立场的多元主体，关于学校教育实践活动的目的表达也必然是复杂和多元的。只有在社会结构单一的人类社会发展的初级阶段，人类的教育实践目的的相关思想才是一元的。①

我国改革开放以后，民间关于学校教育实践目的的表达逐渐多样化。按照不同主体区分，存在以下不同的学校教育实践目的表述。个体主体：社会底层的求学者及其家庭接受学校教育实践的目的是自身获得阶层向上流动的机会；中、上层阶层的求学者及其家庭接受学校教育实践的目的是要通过学校教育来维持阶层的优势地位。一些社会组织，由于其组织性质不同，根据自身立场和需求，也表达着各自的教育期望，甚至对公共学校教育实践提出其他要求。以国家为主体所确定的学校教育体系的教育实践目的比较关注诸如"建设人力资源强国""为国家崛起、民族复兴"储备人才等表述。约翰·布鲁贝克在《教育问题史》中也对人类历史中不同文明的学校教育体系的教育实践目的进行了考察。其中，他区分出的"传承取向的学校教育实践目的""培养绅士的学校教育实践目的""培养公民的学校教育实践目的"等也具有非常浓厚的世俗功用色彩。②

从另外的维度讲，当今我国学校自身的教育活动也越来越侧重

---

① ［美］约翰·布鲁贝克. 教育问题史［M］. 单中惠，译. 济南：山东教育出版社，2012：105.

② ［美］约翰·布鲁贝克. 教育问题史［M］. 单中惠，译. 济南：山东教育出版社，2012：1–8.

于知识教育和技术教育，"功利色彩"日益浓厚。人类进入现代社会以来，面对自然的基本价值取向，从敬畏自然转向了征服自然。同时，现代社会也要求个体从习俗和传统中解放出来。而在这一趋向现代化的过程中，现代学校教育日益重视培养学生的知识掌握能力和技术实践能力。在此观念影响下，诸如"专业教育优于通识教育""高等教育比基础教育更重要""理工科等学科比人文学科更重要"，几乎成为当今社会中人们日常教育观念中的常识。人们的教育观念和教育实践目的逐渐被规训为"接受教育的目的，就是为了学一门技术"等诸如此类的观念。

技术发展的动力乃是人性。技术若无价值引导必将走向文明的反面。曾有人断言，"人类自身不能控制技术，而只能利用技术"。人类能控制技术吗？实际上此问题可以转换成"人类能控制人性本身吗?"。这是一个更加深刻的问题。自人类社会出现，文明和野蛮构成人类社会的两极。野蛮是人类的动物性本能，文明是人类克服动物性本能的过程及结果。人类本身不能消灭本能，只能经过教育这一文明化的过程，个体才能克服本能，从而走向文明阶段。

随着教育研究逐渐关注个体，一些基于个体本位的教育实践目的被重新发掘，诸如学校教育应该培养幸福的个体；学校教育的实践目的不要为功利所羁绊，敢于培养学生做一个平凡人等。

（二）意识形态性

教育实践目的所具有的形而下特征，还表现在学校教育实践目的与国家共同体的意识形态密切关联。教育事业依托于国家而展开，国家政权依托于共同体的意识形态而运行。学校教育实践目的直接或间接地具有共同体的意识形态色彩。从我国学校教育实践目的的变迁过程便可以窥其一斑。

1907 年，我国清朝末年确定的学校教育体系的教育宗旨是"忠君、尊孔、尚公、尚武、尚实"。我国台湾学者郑世兴对此教育宗旨评论为"我国传统教育无明确的方向，无具体教育实施的指针，……这是我国现代化教育史上第一次具有确定的方向"①。

1912 年"中华民国"成立后，确定的学校教育体系的教育宗旨为"注重道德教育，以实利教育、军国民教育辅之，更以美感教育完成其道德"。

1922 年 11 月，"中华民国"北洋政府以"大总统令"的方式颁布的《学校教育体系改革案》列有七条（学校）教育标准：适应社会进化之需要，发挥平民教育精神，谋个性之发展，注意国民经济力，注意生活教育，使教育易于普及，多留各地方伸缩余地。1922 年由于受到杜威教育哲学的影响，在"中华民国"时期一度出现教育标准代替教育宗旨的状况。我国台湾著名的中国近代教育史专家陈启天在论述 1922 年学制改革时，指出 1922 年学制的制定受到杜威教育哲学思想的影响，并指出 1922 年学制与 1912 年学制有两大要点不同："第一要点，为依据杜威学说规定'教育标准'，以代替从前的教育宗旨；第二要点，为效仿美国制度制定新学制。"②

1928～1937 年，南京"中华民国"政府提出学校教育体系的教育实践以"三民主义"即党化教育为最高原则。③

1958 年，中共中央、国务院颁布的《关于教育工作的指示》，将培养"有社会主义觉悟的有文化的劳动者"规定为新中国学校教育体系的教育目的。2010 年公布的《国家中长期教育改革和发展规划纲要（2010～2020 年)》将"全面贯彻党的教育方针……培养德、智、体、美全面发展的社会主义建设者和接班人"作为学校教育体系的教育目的。

（三）由统一的学校教育实践目的转向具体的学校教育实践目标或标准

随着社会的逐步分化，学校教育实践活动的类型也日益趋向多

---

① 郑世兴. 现代教育史 [M]. 中国台北：三民书局，1981：445.
②③ 陈启天. 中国近代教育史 [M]. 北京：中华书局，1969：45－51.

样化。统一性的学校实践教育目的逐渐转变为具体性的教育实践目标或教育实践标准。

统一的学校教育目的从理论或口号转变为人才规格或标准，需要具体的操作过程和评价标准。在统一的教育实践目的之外，设定具体的教育实践目标就成为现代学校教育多样化趋势的必然要求，特别是在职业教育阶段和大学专业教育阶段。学校教育实践目的关注的焦点由统一的具备各种抽象属性的人过渡到具体的人才，这是社会多样化发展的客观要求。从人类文明的视野来看，人类社会的教育实践是人类文明传承和创新的通道，若没有意识到教育实践活动或教育系统内在的文明底色，没有达到"人类文明是一个共同体"的立场，学校教育实践目的可能具有一定的视野局限。

学校教育体系确立的统一的教育实践目的转向教育实践标准是否可行？笔者认为，学校教育体系确立的统一的教育实践宗旨或教育实践目的体现的是一种整体性和根本性，其不仅是学制的指导思想，同时，也应是教育体制的中心思想。另外，学校教育体系确立的统一的教育宗旨或教育目的还承载着文明和道德的分量，这一点超越了国家或政党的意识形态。依此，某些教育实践标准不可完全代替学校教育体系确立的统一的教育实践宗旨或教育实践目的。但是确定学校教育体系统一的教育实践目的或教育实践宗旨，若缺乏一种既有深度和广度的文明视野又极易意识形态化。倘若如此，假设废除统一的学校教育体系的教育实践目的或宗旨，那么是否教育实践标准就应该完全按照专业标准进行制定，诸如制定严格的课程标准、教育评价标准等？表面上看，依靠各种教育标准推动教育事业发展是教育实践的形而下特征进一步深化的结果，甚至在某种程度上，这也是未来教育发展的方向。甚至在一些成熟的现代国家，教育实践标准已完全代替教育实践目的推进教育事业发展。这虽然弱化了统一的教育体系的教育实践目的所固有的意识形态倾向，但教育实践标准能否弥补工业化标准的统一而僵化的特征对学生发展所造成的限制？教育实践标准能否衡量教育活动中的不可测因素，诸如想象力、创造力、道德发展等？这些不可测因素恰恰是学校教育中学生发展的灵魂和精神所在。这些因素与学校教育实践目的所应具有的形而上特征相关联。

二、学校教育实践目的形而上特征的历史考察

只有当人类文明发展到一定程度，人类文明中的教育实践目的作为整体才有可能具有形而上特征。即当人类整体中的某一群体开始认识到自身肉体上的脆弱性和必死性、人类社会的局限性、人类精神的自由性和超越性，人类群体才会返向自身，进一步向内或向外寻求诸如整体、超越、无限、灵魂等通向形而上本体的概念和理论。这些形而上概念才会影响教育实践目的，并在教育实践目的有所体现。

"轴心文明"时期人类文明的精神高峰。公元前 600 年至公元前 300 年是人类文明的"轴心时代"。所谓"轴心文明"时期的轴心是人类共同体基于完美人性（神性或圣性）进行自我理解，"自它以后，历史产生了人类所能达到的一切，……引出一个为所有民族和一切人进行自我理解的共享框架"①。"此时期是人类文明精神的重大突破时期，产生了直至今天仍然是人类思考范围的基本范畴，出现了伟大的精神导师：古希腊有苏格拉底（Socrates）、柏拉图、亚里士多德（Aristotle），以色列有犹太教的先知们，古印度有释迦牟尼，中国有孔子、老子等。而且更重要的是，……在那个时代，古希腊、古巴比伦、古中国和古印度的古代文化都发生了'终极关怀的觉醒'……三个地区的人类全都开始意识到整体的存在、自身的存在和自身的限度。"②

---

① ［德］卡尔·西奥多·雅斯贝尔斯. 历史的起源和目标［M］. 魏楚雄，等，译. 北京：华夏出版社，1989：7.

② ［德］卡尔·西奥多·雅斯贝尔斯. 历史的起源和目标［M］. 魏楚雄，等，译. 北京：华夏出版社，1989：8.

教育实践依赖于精神世界的原初生活。教育实践不能独立，它要服务于精神生活的传承，这种生活在人们的行为举止中直接表现出来……在我们时代里，精神命运必然决定教育实践的内涵。①

（一）柏拉图哲学中"理念世界"

柏拉图将世界分为现象世界和理念世界。其中，现象世界是可感世界，通过感官人们可以获得关于实在的意见，意见没有绝对真实性，是虚幻的和短暂的；理念世界是可知世界，通过理性人们可以获得关于实在的知识，这些知识是永恒不变的。现实世界是对理念世界的模仿和分有。第一，模仿。现实世界是模仿了理念世界而建立的。理念世界即现象世界的原型，现实世界是对理念世界的摹写。第二，分有。即现实世界是分有理念世界的一部分而建立起来的。

"洞穴隐喻"是柏拉图用来区分现象世界和理念世界的另外一种方式。他在《理想国》（*The Republic*）中如此描绘：一群人犹如囚徒世代居住在洞穴里，由于被锁住而不能走动、回头和环顾左右，只能直视洞壁的场景。他们身后有一堆火在燃烧，火与人之间有一堵矮墙，墙后有人举着用木头或石头制成的木偶走过，火光将木偶投影在他们面对的洞壁上，形成了变动的影像。由于他们长期看着这些影像，便以为是真实的事物。一天，有一个囚徒被解除了束缚，回头看到了火光及其身后的事物，虽然在他第一次见到火光时会头晕目眩，但适应后他就会分清影像与雕像，并明白雕像比影像更真实。当他继续走出洞外，看到阳光照耀下的万物，才知道洞内的那些木偶也不是真正的事物本身，而只是对事物的模仿。刚走出洞穴时他还不能直接看太阳，只能看事物在水中的影子，而等他逐渐适应了环境，他才最终看到了太阳，并发现这是他看到其他事物的原因。而这个已经看到太阳的人于是又回到洞穴想去解救自己

---

① ［德］卡尔·西奥多·雅斯贝尔斯. 什么是教育［M］. 邹进，译. 北京：生活·读书·新知三联书店，1991：42.

的同伴，但当他再回到洞穴中时，他却看不见洞穴中的影像，于是他的同伴便认为，他是因为出去了一趟而把自己的眼睛弄坏了。

在"洞穴隐喻"中，柏拉图以囚徒比喻受到肉体和现象捆绑的人，以逃出洞穴的人比喻挣脱现象和肉体等幻相获得洞识和理念的哲学家。同样，将洞壁上的影像、木偶比喻成幻相。将火光、太阳比喻指善、正义等理念。教育实践的目的就是培养人拥有能够挣脱现象的锁链之理念，从幻相进入真实，从短暂进入永恒，使人的灵魂由肉体和现象世界转向理念世界。由于苏格拉底经由希腊的民主制度被判死刑，柏拉图认为，公共教育实践的最高目的是要实现城邦治理的善。而只有在哲学王治理城邦前提下，城邦才能实现最大善的理念。因此，柏拉图晚年创办学园致力于培养哲学家和政治家。

（二）基督教的拯救灵魂

整个西方中世纪即使到现在，其教育实践仍然带有某些宗教色彩的形而上特征。阿弗烈·诺夫·怀海德（Alfred North Whitehead）在其著作《教育的目的》（*The Aims of Education*）中认为，"教育（实践）的本质在于它那虔诚的宗教性。宗教性教育是这样一种教育：它谆谆教导受教育者要有责任感和崇敬感。责任来自我们避免由于愚昧无知而走向罪恶。而崇敬是基于这样的认识：现在与永恒融为一体。"①

基督教神学理论认为，人类因为受到堕落天使的诱惑而背离与上帝的约定，走向人类中心，从而拥有原罪。耶稣为了拯救人类的原罪和堕落而牺牲于十字架，从此人类便可以因为信仰耶稣便能获得救赎。上帝是全知全能的，圣经是上帝的智慧和旨意。圣经传授和耶稣受难从根本上影响着基督教教育实践目的。② 基督教教育体

---

① ［英］阿尔弗雷德·诺斯·怀特海. 教育的目的［M］. 徐汝舟，译. 北京：生活·读书·新知三联书店，2002：26.

② ［美］约翰·布鲁贝克. 教育问题史［M］. 单中惠，译. 济南：山东教育出版社，2012：6－7.

系的教育实践目的是让人类认识上帝、认识人类所具有的原罪；通过圣经学习上帝的智慧和德行，传播上帝的智慧和福音，拯救人类的灵魂，使人类因为信仰耶稣基督而获得灵魂的拯救。当然，在基督教教育的历史中，也存在因为过于强调教育的宗教性而忽视现实生活的时代。不过，约翰·布鲁贝克指出，基督教学校教育的教育实践也具有一定的世俗性："尽管躯体和灵魂的训练成为一个主要的教育目标，但教育目的和生活目的一样，是通过培养道德和理智等德行而使个体获得幸福感。"①

另外，在《圣经》（*Bible*）中，学习劝诫和箴言目的是使人知晓智慧和教诲，有知识和辨别力。其中也强调学习世俗智慧、节制吃喝享乐、避免懒惰、尊重自然以及勇气、自我牺牲的真实品德，学习自然界的内在智慧，为超越自然提供依据。②

（三）道与中国传统教育

《易经》为六经之首，为华夏文明哲学的本源。《易经》根据阴阳变化生成宇宙天地，又根据宇宙之道演化天道、地道与人道。《易传·系辞上传》："易有太极，太极生两仪，两仪生四象，四象生八卦。"③ 在《易经》中，首先赞美天地之大德，然后推演出君子要效仿天地之大德，从而完成"天""地""人"等"三才"的构建。比如：《乾卦·文言传》中元者，善之长也；亨者，嘉之会也；利者，义之和也；贞者，事之干也。君子体仁足以长人，嘉会足以合礼，利物足以和义，贞固足以干事。君子行此四德者，故曰："元、亨、利、贞。"天行健君子以自强不息，地势坤君子以厚德载物。其中还提到，夫"大人"者，与天地合其德，与日月合其

---

① ［美］约翰·布鲁贝克. 教育问题史［M］. 单中惠，译. 济南：山东教育出版社，2012：7.
② ［美］约翰·布鲁贝克. 教育问题史［M］. 单中惠，译. 济南：山东教育出版社，2012：6.
③ 该表述与《道德经》中"道生一，一生二，二生三，三生万物"相似。

明，与四时合其序，与鬼神合其吉凶。以上论述，中国传统教育中的"学为君子"的教育目的具有强烈的形而上特征。

再拿儒家文化经典《中庸》来说。《中庸》通篇的假设，天地相合，化生、化育万物，此乃天地大德，称之为天性。为成就天地之性需要通过"和合"，在天地"喜怒哀乐之未发"之时即"中"的状态中，通过"发而皆中节谓之和"的方法，去"成己"和"成物"。故"致中和，天地位焉，万物育焉"。天地化育万物是目的，"中"与"和"是手段。目的和手段缺一不可。文中讲到"人之道"，一般是从应然角度来说的，指的是君子之道或圣人之道。在此基础上，可以理解《中庸》首句"天命之谓性，率性之谓道，修道之谓教"，还有孟子的"尽其心知其性，知其性，则知天矣"。而且"天命之谓性，率性之谓道，修道之谓教"这句阐释了由"天性"到"道"再到"教化"的衍化原理。"尽其心知其性，知其性，则知天矣"阐释了个体由"尽心"到"知性"、再到"知天"的升华原理。在《中庸》中"诚"人是践行"和之方法"时应有的态度。但文中涉及"诚"多次，词性不同意义不同。通篇"诚"作为名词单独出现，指的是"天地之诚"，作为动词"诚之"或"思诚"出现指的是常人、君子或圣人思"诚"或实践"诚"。诸如，"诚者天之道，诚之者人之道""诚之者，择善固执"需要"智慧（好学、践行）、仁（修仁以善）、勇（知耻、固善）"三法则。除了"诚"之外，"明"是达至"和"的方法。用现代话语来解释，"明"是知识教育的过程。因此，"自诚明，谓之性；自明诚，谓之教。"

儒家之"道"与道家之"道"相同之处在于二者的"道"都在比附天地之道。天地之道，化生万物，其高明、薄厚、悠久。不同之处在于，儒家要求君子之道或圣人之道，学习天地之道化育万物，尊德性而道问学，致广大而尽精微，极高明而道中庸。相反，道家老庄看到天地之道，遂要求圣人自然无为，道法自然，"我无为，而民自化；我好静，而民自正；我无事，而民自富；我无欲，而民自朴"。传统儒家的教育目的即培养君子，去化民成俗。传统道家之道倒是倡导个体追求自然无为。

但是，由宇宙论中的本体概念演绎社会人伦法则并由此确定教育实践目的，以这种连续演绎的方法确定学校教育实践目的缺乏充分论证，并且很有可能缺乏实践根基。因为，首先，将社会人伦法则和教育实践目的归结为抽象本体，是一种还原论做法，这种还原论忽视人类社会和人性自身的复杂性和持续建构性；其次，在某种意义上，本体是一种通过抽象演绎建构的概念，用抽象演绎式的建构概念去推演，需要通过具体的人类实践建构的教育实践目的的概念，显然任务难以完成。因此，用天地之道推演社会人伦道德的中国传统文明，尽管其形成了"轴心文明"之一，但其形而上学和实践哲学的关联仍然是脆弱的，而且由于缺乏开放性的实践机制，最终在西方现代工业文明冲击下崩溃。[①]

中国传统文明中将"道"作为文明的形而上概念的核心，道生万物。基督教文明中将神创世界和神人关系，作为实践社会、政治、教育的原则和基准。希腊文明中柏拉图哲学，将理念世界作为人类实践活动的最高参照。然而，"道""理念""上帝"无论作为本体或"一"，究竟指向哪里？通向哪里？人类文明可以理解为一条大河，每个文明中的个体自成支流，然后与他者交汇，最终各个文明汇入人类文明大河，然后随着人类历史继续流淌，润泽后代，走向永恒。然而，这条大河是"理念世界"或"本体世界"吗？

---

① 尽管儒家的社会政治理论和实践都已经成熟，但由于其形而上体系的狭隘性，后来的文化继承者缺乏轴心文明期思想家的济世精神、宏观视野、创造性心态，从而造成固守论断和语录，甚至导致之后的文明危机。道家和佛家形上体系比较完善，但缺乏强烈的社会政治实践的动机，其教育实践目的缺乏持续进步的（开放性创造、体系化建构）可能性。

第二节 单一性学校教育实践目的之批判与确立统一的学校教育实践目的之原则

对学校教育系统的反思是一个国家和社会的大事。① 对统一的学校教育实践目的的寻求需要人们审视学校教育实践活动的本质。而审视学校教育实践活动的本质，需要人们用文明与人性的视野对学校教育实践活动进行双重考虑。统一性的学校教育实践目的是一个形而上的概念，它更多考虑教育本质；统一性的学校教育实践目的又不完全是一个形而上概念，它需要一定的现实根基，也需要符合经验实际。统一性的学校教育实践目的的确立，应该考虑学校教育实践活动的上层概念，但同时应兼顾学校教育实践活动的现实性。世俗的学校教育实践目的缺乏形而上思考，止步于生命本能的功利阶段。学校教育实践活动并不是完全由生产力或生产关系决定，也存在形而上的学校教育实践目的。"学校教育"概念和"自由"等概念一样是由社会建构和主体实践的过程和结果。学校教育实践目的是学校教育实践的根本前提，是学校教育实践过程的内在骨架。

一、学校教育实践目的偏重形而下需要之批判

学校教育体系具有多重意义和功能：提供人才、传承文明、促进社会阶层流动等。同时，不同主体关于教育实践目的的表述具有多样性，要充分考虑国家、社会、教师、家长、学生等多元主体自身之间的利益差异，不能以偏概全。是否应该确定统一的学校教育

---

① ［德］卡尔·西奥多·雅斯贝尔斯. 什么是教育［M］. 邹进，译. 北京：生活·读书·新知三联书店，1991：43.

体系的教育实践目的？笔者认为主体若能拥有超阶级的立场，则应该确定统一的学校教育体系的教育实践目的，若不能拥有超越阶级的立场，则不应该确定统一的学校教育体系的教育实践目的。

首先，统一的学校教育实践目的不应该局限于"培养什么人"的问题。这依然是从意识形态的立场出发演绎学校教育及学校教育实践目的，将统一的学校教育实践目的局限于"培养什么人"的问题，甚至用各种属性建构理想中的学生品质，是一种俯视学校教育实践的视角。它无视受教育者自身所遭受的压迫与强制，由外在性因素确定学校教育实践目的，所以培养出的人才也因此充满功利性和外在侵略性等狭隘性品质。将统一的学校教育实践目的的局限于"培养什么人"的说法，本质上仍然是从阶级立场限制学校教育实践。看待教育现象、分析教育问题要从阶级立场进入文明立场。学校教育体系是文明传承和创新的通道。在这一过程中，无论教师还是学生都要实现文明化。以此而言，任何时候谈及学校教育实践活动都需要一种仰视的方式，并以此来审视学校教育活动及学校教育实践目的。无论个体或群体，面对人类整体所创造的文明高峰，都需要保持谦卑，只有拥有高山仰止的心态，才能珍视人类历史中的文明高峰，继而进行再发展和再创造。

其次，从功利立场出发演绎学校教育实践目的，只能说明学校教育发展的品位和层级还处于低级水平阶段。但毫无疑问，教育实践目的存在群体差异，但对群体差异应持有开放立场和包容立场，即需要超阶层的立场和视野。这不是否定学校教育的阶层流动①功能，而是超越这一功能。人是目的，在任何时候，都不能把自己和他人当作工具，而将人性跃迁作为学校教育实践目的则是超阶层立场下的教育实践目的。用人类文明的核心价值完成学生的人性跃

---

① 底层民众追求直接功利的目的，阶层跃迁。中上层民众追求传承已具有的阶层优势。

迁，再通过学生的人性跃迁实现人类文明跃迁。①

二、学校教育实践目的偏重形而上需要之批判

在"轴心文明"时期，古希腊、古中国和古印度等古代文化都发生了"终极关怀的觉醒"，且人们开始用理智的方法、道德或宗教的方式来面对这个世界，意识到人类作为整体的存在以及人类自身的限度。他们探究根本性的问题，通过在意识上认识自己的限度，为自己树立了最高目标"在自我的深奥和超然存在的光辉中感受绝对"。②

"轴心文明"的精神或文明高峰预示了人类作为整体自我意识的觉醒，并诞生了为人类整体提供终极关怀的不同方式，即宗教的方式、道德的方式和理性的方式。其中，宗教的方式需要信仰和社会实践，而且不排除科学，其本身具有一定的开放性和包容性。但是，随着科技时代的到来，宗教中的形而上体系在坍塌，宗教作为人类提供终极关怀的途径，日益受到挑战。而道德的方式，需要社会伦理的实践，着眼点和落脚点在人伦关系（诸如儒家），在人伦关系之中也能实现终极关怀的慰藉，但是这一道德的方式在历史上之所以能够成功，在于当时社会结构与意识形态的契合（尽管其由本体论演绎社会、政治和教育方法缺乏逻辑性）。另外，用理性的方式来寻求终极关怀也存在问题。由于刻意追求形而上理念，忽视肉体作为精神或灵魂的基础性作用，注定以理性的方式获得终极关怀只能是人类整体中的极少数。人类整体中的多数不可能通过理性的形而上方式获得终极关怀。

统摄于形而上体系之中的统一的教育实践目的，由于缺乏将"人类整体发展与人类个体发展的统一""人类个体形而上需求与

---

① 人性由"自我中心"走向"克服自我中心"和"超越自我中心"。
② ［德］卡尔·西奥多·雅斯贝尔斯. 历史的起源和目标［M］. 魏楚雄，等，译. 北京：华夏出版社，1989：8.

形而下需求的统一""人类整体文明跃迁与人类个体人性跃迁的统一"三条原则的统一，仅仅注重形而上演绎教育实践目的，不是确定统一的学校教育实践目的的方式。

三、确定统一的学校教育实践目的之原则

确定统一的学校教育实践目的应该关注什么？统一的学校教育实践目的既要出于更高目的，又要包含最低目的；确立原则不是单一原则而是多重原则，但确定统一的学校教育实践目的，需要把握以下三条原则："人类整体发展与人类个体发展的统一""人类个体形而上需求与形而下需求的统一""人类整体文明跃迁与人类个体人性跃迁的统一"。

统一的学校教育实践目的，首先需要将所有人类视为共同体，即所有人类群体积极向上的文明努力及其成果都是人类文明共同体树立的文明高峰。在这一前提下，每一代人的教育实践活动目的毫无疑问地要持续地继承和发展即接续人类文明高峰。其次，必须具有现实的个体基础。这种个体基础要根源于人类个体普遍的人性需要。在不强调神学形而上的基础上，基督教强调信徒与自我（中心）作战，传播光明，为上帝增加荣耀和自我救赎。儒家从自我修身开始，修齐治平和安身立命。基督教文明的理想是天国在人间建立，儒家文明的理想是天下（世界）大同。从历史来看，它们各自在自己的文明体系中形成了高峰，然而在文明之间平等交流的现代社会，不同文明之间相互吸收文明资源，共建人类大同世界。面向未来，世界永远处于持续性的正向建构之中。人们在整体中认识自己的方式决定了自己生命的意义，人们以这种方式从整体中获得了人类文明的基础和目标。[1] 教育实践正是借助个人的存在将个体带入全体

---

① ［德］卡尔·西奥多·雅斯贝尔斯. 历史的起源和目标［M］. 魏楚雄，等，译. 北京：华夏出版社，1989：306.

之中。个人进入世界而不是固守着自己的一隅之地，如果个体与一个更明朗、更充实的世界合为一体的话，他就能够真正成为自己。①

统一的学校教育实践目的必须关联个体形而上需求和形而下需求的统一。这两种需求实际上是个体的世俗性需求和超越性需求。根本的教育实践目的如何才能关联个体之世俗性需求和超越性需求？卡尔·西奥多·雅斯贝尔斯论述"教育须有信仰，没有信仰就不称其为教育……教育实践的目的在于让自己清楚当下的教育实践的本质和自己的意志，除此之外，是找不到教育实践的宗旨的。……教育实践是极其严肃的伟大事业，通过教育实践不断地将新的一代带入人类优秀文化精神之中，让他们在完整的精神中生活、工作和交往。……教育实践，不能没有虔敬之心，……对终极价值和绝对真理的虔敬是一切教育的本质，缺少对'绝对'的热情，人就不能生存，或者人就活得不像一个人，一切就变得没有意义。绝对的东西可以分为两种：一种是大众共有的，比如一个人所属的阶层，或者国家，或者对无限的追问中所体现出来的宗教意识，另一种是个人性质的，比如真实、独立自主、责任和自由，一个人也可以同时具有这两种性质的绝对事物。当教育实践的本质发生问题，当教育实践的信仰开始动摇时，……那么教育实践就会变得丧失根本目标而不稳定和支离破碎。"②

确定统一的学校教育实践目的还需要将文明化过程与人性跃迁统一于教育活动。即学校教育实践目的是为了个体人性跃迁，而个体人性跃迁需要文明永恒价值作为原料和动力，个体人性跃迁完成的同时文明跃迁也随之完成。不是文明及其永恒价值需要个体，而是任何个体都需要文明及其永恒价值的引导，文明的本义是引导人，确立人的生命价值和意义。

---

① ［德］卡尔·西奥多·雅斯贝尔斯. 历史的起源和目标［M］. 魏楚雄，等，译. 北京：华夏出版社，1989：54.

② ［德］卡尔·西奥多·雅斯贝尔斯. 什么是教育［M］. 邹进，译. 北京：生活·读书·新知三联书店，1991：44 –45.

文化是一种生活方式，混合着两极对立的价值体系。而文明是文化的精华，是文化的积极层面。文明的本质在于人性的积极向上的努力对人性本能超越，文明的成果对人性积极层面的唤醒，对人性黑暗层面的照亮和克服。本书中的文明作为动词来表述时，即是从文明对人性的提升作用这个角度而言的。

因此，在本书第四章中，将个体自我发展统一于人性跃迁理论。从个体成长的视角来看，人性是不断地发展的；然而，以此观之，人性发展过程和终极方向是永恒不变的。人性中包含维持自我中心成分、克服自我中心成分和超越自我中心成分。个体发展是个体人性不断地跃迁的过程，人类代代相传这种发展过程。个体人性跃迁的动力是人类个体对生命终极意义的追问，对自我局限的超越，即人类个体对超越性的需求。人类个体通过文明永恒价值完成人性提升。①

学校教育（实践）的首要任务不是给予学生不断地增多的知识，而是在他那里形成一种内部深刻的状态，一种类似灵魂聚焦的东西，使他不仅在童年而且在一生中朝着一个确定的方向前进。②学校教育（实践）应该对学生人格的自我形成（懂得和承担人类地位、学会生活）和学会成为公民做出贡献。③

当今时代，究竟需要什么样的学校教育实践目的？现代教育的学校教育实践目的应该是什么？现代教育中的"现代"是时间概念还是价值概念？若把现代教育作为时间概念，现代教育中的学校教育实践目的必然与传统教育中学校教育实践目的呈现二元对立：即

---

① 人类通过对价值的坚信和对世界可能性的坚信，使人类获得了战胜本能的力量，提升人性能力。参见［德］卡尔·西奥多·雅斯贝尔斯. 历史的起源和目标［M］. 魏楚雄，等，译. 北京：华夏出版社，1989：252.

② ［法］埃米尔·涂尔干. 教育思想的演进［M］. 李康，译. 上海：上海人民出版社，2006：34.

③ ［法］埃德加·莫兰. 复杂性理论与教育问题［M］. 陈一壮，译. 北京：北京大学出版社，2004：50.

否定传统及传统教育的价值，否定传统社会的信仰，强调现代社会相对于传统社会的断裂性。而若把现代教育的"现代"作为一个价值概念，"现代"所蕴含的现代文明社会的核心价值能否消解不同国家的意识形态和价值选择的差异，去走向对多元文化主体的理解和包容？现代教育是否能够实现文明主体在自身文明的基础上建构现代文明？

一般而言，将学校教育实践作为社会实践的一个领域，并在此观念的基础上确定学校教育实践目的。其方法存在"在其中""在其上""在其旁"三种。所谓"在其中"的学校教育实践目的的确立方法，是指用学校教育实践的下位概念描述学校教育实践目的，诸如用课程标准、教学标准等代替学校教育实践目的；所谓"在其上"的学校教育实践目的的确立方法，是指用诸如"国家主义""民族主义"等标准确定学校教育实践目的；所谓"在其旁"的学校教育实践目的的确立方法，是指用"政党的意识形态""社会的各项要求"等确定学校教育实践目的。确定统一的学校教育实践目的，不能由最高概念诸如"本体"等直接演绎；也不能由学校教育的下位概念诸如"课程""教学"等进行归纳式的描述；当然也不能用"培养什么样的人"，即以人的各种属性堆积学校教育实践目的。面对学校教育实践目的的多样性，由辩证法可知：发展导致差异，各种差异导致冲突，冲突相对于整体而言，冲突双方之间其实是互补的，并在一种更高的统一之中得到调和。因此，确定学校教育实践目的必须在学校教育实践的上位概念中进行。但由常识可知，确定学校教育实践目的必须关注学生或受教育者的个体利益，同时，学校教育实践目的的确定和实现并不是一蹴而就的，必须在动态中持续进行。

总之，确立统一的学校教育实践目的的过程中，必须关联人类整体发展与个体发展、关联个体的形而上层面需求和形而下层面需求、关联人类整体文明跃迁与个体人性层面跃迁。

第三节 "安身立命"：学生安全感寻求和
自我发展的双重实现

只有从身安达至安身，进而才能自我成熟和立命。立命个体使自我超越时空限制，进入人类生命长河。个体不再有疏离、孤寂之感。在教育实践活动中也是如此。

一、学生"安身立命"的实现作为教育实践统一的目的

"安身立命"，从更加深刻和细微的视角阐述了学生个体在"自我中心阶段"面临的诸多选择：执着于"自我中心"和"功利主义"或者由"自我中心"走向"克服自我中心"，从形而下的关注走向形而上的关注等。显然，个体的人性跃迁不是必然的，它需要唤醒学生个体的自我意识或自我灵魂。而在此之前，学生个体在持续寻找更加基本的东西：安全感，具体而言是指由身及心的安全感。在此基础上，学生个体先要走向安身即安放或安置身体，"安全地安放身体"。

但是，个体自我生成的阻力包括三个方面。首先，个体对稳定性和安全感的寻求；其次，由于个体自身极强的可塑性而导致的个体易被规训性；最后，个体原始的自我中心。在此意义上，安身只是教育实践和人性跃迁的基础或中间目标，而不是最终目的，最终目的是立命。立命，是指人类个体在人类整体之中觉悟到自己精神或灵魂，并在此基础之上去自我生成。立命是个体对文明之精神内核和人类整体自我意识觉醒的接续。

教育活动就是要唤醒个体的灵魂，以此使个体自己选择决定成为什么样的人，以及自己把握"安身立命"之根。① 学生"安身立

---

① ［德］卡尔·西奥多·雅斯贝尔斯. 什么是教育［M］. 邹进，译. 北京：生活·读书·新知三联书店，1991：4.

命"实现作为学校教育实践目的，是将个体世俗性与超越性统一，将自我与人类整体统一，并将人类整体文明发展和个体人性跃迁相统一。

当然，教育活动中的学生之"安""身""立""命"四个词语的独特性内核需要用多样化的文明资源进行持续性建构。具体而言，"安"原意为"安置和安放"，在此引申为具有安全感地去安放。"身"指的是身心灵中的身，其可以表征某些世俗性概念关联，诸如身体、职业、家庭责任、组织目标等世俗性目标。立，孔子讲"三十而立"和"不知礼，何以立"。其中的"立"指的是掌握了"礼"，并以"礼"作为进退、处理事务的根据。在此，"立"不仅指"站立"，实际是指用"公正、平等、和平"等文明价值确立个体生命，使个体生命呈现应有的积极向上的生命形态。当然，整体来讲"立命"，有确立使命的意思，所以"立"即"树立和确立"的意思。命，与使命、天命、灵魂、心灵等超越性概念相关联，诸如理念世界、上帝之城、灵魂自由、文明的永恒价值、文明之河等。从安到立，安全感贯穿其中；从身到命，人类个体和整体的意义和价值内在于过程，并超越个体局限。人类整体正是通过个体的有限过渡到整体的无限，人类的个体灵魂与人类整体灵魂进入永恒持续的精神接续过程。人类对理念世界的想象和持续建构也进入无限和永恒境界。然而，个体作为支流一旦与整体理念相关联，就会拥有无穷、无限的精神能量。当有限不忘其有限时，有限变成了无限的存在之载体。①

人类文明就像一座座高峰，每一代人中只有登上高峰者才能为整个人类文明做出新的贡献。人类作为整体就是在持续地接续、筑高文明高峰的高度。在此种意义上，张载的《西铭》"民胞物与""为天地立心，为生民立命，为往圣继绝学，为万世开太平"，就是

---

① ［德］卡尔·西奥多·雅斯贝尔斯. 历史的起源和目标［M］. 魏楚雄，等，译. 北京：华夏出版社，1989：253.

"立命"之最佳写照。

当然，学生"安身立命"实现作为学校教育实践目的，作为开展教育活动的根基和灯塔，其完整性内涵主要包括：用安全感的概念结构与发展阶段来建构教育活动中的"身安和安身"；用教育活动中受教育者的自我精神或灵魂的觉醒所激发的主动地完成人性跃迁作为"立命"，从而使他们的精神或灵魂与人类文明高峰的联结得以激活，去实现自我超越和自由创造的潜力，并持续推进新的文明高峰的形成。简而言之，即以安身和身安作为安全感寻求的结果，以立命作为自我成熟的结果。同时，"安身立命"是个体人性跃迁的过程，也是个体人性跃迁的结果。

二、"身安"的实现：何处所安

韩非子"上古竞于道德，中古逐于智谋，当今争于气力"的表述或许更能描绘当今社会竞争的表面化和白热化。现代社会中的人好像天生为竞争而存在，从学生时代为获得更好的名次而竞争，步入社会为占据更多的社会资源而竞争。整个文化生态充满争夺的火药味。个体生活在现实世界，就像浮在河面中的浮萍，在世界的潮流和漩涡里挣扎，没有根基和寄托，活在现实与功利中的个体患得患失地渴望抓住能够抓住的一切。

现代世界中的教育实践，实际就是现代世界的翻版，肤浅且竞争表面化。置身其中，无论学生还是教师都被表面性的物质所牵绊。正是由于这种直接的对立式竞争，导致了教育实践中各种关系的异化，安全感问题随之产生和蔓延，人人自危。

在学校教育环境中，学生个体发展的应然层面指向个体自我的灵魂的觉醒，其不仅仅是自我意识的出现，而是个体精神或心灵中共同体意识的出现。个体接受教育的目的不是让学生获得暂时性的安全感，而是让学生寻找到一种稳定而持久性的个体使命，为学生个体自我提供永久安全感。但是，在现代教育中，由于竞争的白热化、教育目标的肤浅化，使得学生只能抓住一些表面的东西，比如获得高分取得好名次。如果某些学生仅仅对分数或名次感兴趣，尽管在其整个教育生涯都感到安全，即在任何一个阶段都能拥有高分和名次，那么其自我发展仍然处于不成熟阶段，因为他寻求的仅仅是物质层面的安全感，而没有找到持久的使命和永久的内在安全感。

　　学生"身安"的实现，需要什么样的教育生态环境？笔者认为：以文明共同体的师生关系为基础，构建多元的教育关系和教育生态。在此教育环境中的学生个体，其身体、物质、关系甚至精神和心灵层面的安全感都将得到有效的保障。具体关于教育关系的论述参见本书第八章。

三、"安身"的实现：下学而上达

　　下学而上达①：孔子用下学而上达来告诫人们学习了日常伦理与人事知识之后，要不断地实践、反思，做到"不怨天，不尤人"。以此为基础，个体的"下学"才能"上达"。然而，使用具体的形而下的知识，也不必然会进入形而上的境界，要经过克己、自修、体悟，做到知天命、明人事，不怨天尤人，才能"上达"，从而进入到形而上阶段。当然，"下学"是"上达"的基础，"下学"本身也很重要。特别是在现代社会，科学和技术知识日新月异，伦理道德和社会秩序也处于快速变迁之中，人们如何才能做到"下学而上达"呢？笔者认为具体的知识是重要的，只有先拥有具体的知识，将具体的知识结构化并内化于自身，人们才能体悟知识背后的真理和智慧，体会诸如知识的来源、知识发展的动力，以及个体寻求知识的意义等。只有当基本知识了然于胸之后，真理才可以清晰地显现

---

　　① 不怨天，不尤人，下学而上达。

出来，而成为维系人们精神信仰和"安身立命"的纽带和本源。[①]

　　学生在学校教育实践中获得身安（安全感）是学校教育实践目的世俗性的一个表现。但就教育实践的世俗性而言，学生明晰与"安身"密切相关的职业性知识和技能也很重要。因为职业是个体立命的前提，甚至是载体。在普通教育中强调开设相关具有职业性质的课程无可厚非，但也要认识在普通教育中过分强调课程的职业性就会局限学生的未来发展空间。笔者在此提出一个观点：将普通教育过程中渗透职业课程，即普通教育职业化。关于普通教育职业化，已有很多学者研究。在此，仅从教育实践的目的层面来做一个论证。首先，职业是任何人都要面对的选择，有关职业的相关认知并非只是等到学生需要做抉择时才给他。职业教育和普通教育没有贵贱之分，相对于自我保存和自我经济独立，职业教育可能更加迫切，对大多数人而言也更加重要。若能在普通教育过程中渗透多样化的职业性课程，并且让学生自由对这些职业课程进行选择，那么，在教育过程中就能实现"下学而上达"目标。学生在以后的专业选择和就业，即安身方面就能拥有方向感和确定感。

四、"立命"的实现：指向个体的超越性需求和文明共同体

　　教育活动只有导向自我强迫，才会产生效用，而其他所有外在强迫都不具有教育作用；相反，对学生精神害处极大，最终会将学生引向对有用性世俗的追求。在学习中，只有被灵魂所接受的东西才会成为精神瑰宝，而其他含混晦暗的东西则根本不能进入灵魂中而被理解。[②]

　　① ［德］卡尔·西奥多·雅斯贝尔斯. 什么是教育［M］. 邹进，译. 北京：生活·读书·新知三联书店，1991：11.
　　② ［德］卡尔·西奥多·雅斯贝尔斯. 什么是教育［M］. 邹进，译. 北京：生活·读书·新知三联书店，1991：5.

子曰："不知命，无以为君子"①，在此"知命"就是"五十而知天命"的"知天命"。所谓天命，《中庸》中认为"天命之为性，率性之谓道，修道之谓教"。"天命"在儒家哲学中实际上是指上天之使命的意思。天地"喜怒哀乐之未发，谓之中；发而皆中节谓之和。致中和天地位焉，万物育焉。"天地化育万物之大德，是天命的核心内涵。从天命即天地之命过渡到人之天命，人之天命是指人从天地之命继承而来的通过传承仁义道德教化百姓的使命。如《孟子·尽心上》中所言"尽其心者，知其性也。知其性，则知天矣。存其心，养其性，所以事天也。夭寿不贰，修身以俟之，所以立命也。"即尽自己的善心，就是觉悟了自己的本性，觉悟了自己的本性，就是懂得了天命，保存自己的善心，养护自己的本性，以此来对待天命。不论寿命是长是短都不改变态度，只是修身养性等待天命，这就是确立正常命运的方法。中国儒家所谓的立命，就是用儒家所提倡的核心价值确立个体的使命。尽管传统儒家文明某些核心价值具有永恒性，但由于其形而上的演绎方式缺乏逻辑性和开放性，导致后代沿着这一逻辑的建构使命过程充满封闭性和局限性。

"立命"，是从人类文明共同体的视野使个体关联人类文明的永恒价值和核心价值。立命，源于人类个体的卑微。人类个体是有限的、不完善的，他必须在其贯通时间的变化中逐渐认识到永恒，他只有沿着这条道路才能达到这一步。② 由于卑微，所以要敬畏。论语有言，"君子有三畏，畏天命，畏大人、畏圣人言。"《道德经》中"人法地，地法天，天法道，道法自然"。自我个体的卑微之进步，在于个体接续人类文明之大河，走向神圣。自我在这一过程中走向包容性的发展进化。立命也就转换为，树立个体精神生命，接

---

① 参见《论语》：不知命，无以为君子也；不知礼，无以立也；不知言，无以知人也。

② ［德］卡尔·西奥多·雅斯贝尔斯. 历史的起源和目标［M］. 魏楚雄，等，译. 华夏出版社，1989：268.

续永恒的理念世界，关联无限，走向超越。立命是不断地安身的结果，且内在于安身，立命是个体自我超越肉体生命的升华，且沟通个体形而上需求与形而下需求，完成个体人性跃迁。即个体在人类文明永恒价值和核心价值中立命，在个体人性跃迁中立命。

通过对身安向安身的过渡，继而由安身完成立命，实现人类文明的永恒价值的传承、人类文明的接续。个体人性的跃迁实现，是通过人性跃迁沟通个体的世俗性需求和超越性需求，通过教育的反思性建构沟通个体和人类整体，之后才得以完成。在这样的学校教育环境中，确立学生"安身立命"的实现作为根本的学校教育实践的目的，便能保证个体安全感和自我成熟的双重实现。

第四节　本 章 小 结

学校教育实践目的是开展学校教育实践的根本前提，是学校教育实践过程的内在骨架。学校教育实践目的的形而上特征指的是学校教育活动与诸如"道""本体""实在"等形而上概念相关联所表现出的特征；学校教育实践目的的形而下特征指的是学校教育活动关联世俗社会及由此所表现出的某些世俗性特征。

本章通过对世俗社会中学校教育实践目的的当代考察，得出学校教育实践目的的"功利性""意识形态性""教育实践目的转向教育实践标准"等形而下特征；通过对人类文明史中"轴心文明"中具有代表性学校教育实践目的的分析，描述了"教育实践目的与理念关联""教育实践目的的宗教性""教育实践目的与道关联"等形而上特征。

确定统一的学校教育实践目的，要批判偏重学校教育实践目的单一化的倾向，并要兼顾学校教育实践目的的形而下取向和学校教育实践目的的形而上取向；同时要兼顾人类个体发展与人类整体发展相统一、个体人性跃迁和人类整体文明跃迁相统一。

在学校教育活动中，要保证学生安全感的寻求和自我发展的双重实现，故本章提出学生"安身立命"的实现作为教育实践的根本目的。"安身立命"满足了确定统一的教育实践目的的三个原则：人类个体发展与人类整体发展相统一、个体的形而上需求和形而下需求相统一、个体人性跃迁和人类整体文明跃迁相统一。具体而言，"安身立命"蕴含了"身安""安身""立命"三个内在统一的过程。即在"文明共同体的教育关系中实现'身安'"，在"普通教育的职业化中实现'安身'"，在"文明永恒价值和核心价值中关联文明与人性、关联个体形而上需求和形而下需求、关联自我发展和人类整体发展，从而实现'立命'"。通过对身安向安身的过渡，继而由安身完成立命，实现人类文明的永恒价值的传承。

第八章

文明共同体：师生关系之本质

学校教育环境决定了学生安全感结构和自我发展的内容、形式和特征。而竞争选拔型的教育体制迟滞了学生的自我发展。即使学生个体跨越过高考进入大学这一相对自由的教育体制环境中，由于缺乏文明价值的引导，部分学生的自我发展仍然会出现迷茫和不自觉的状态。这就要求教育者，不仅要提倡自由的教育体制环境来保障学生安全感，并要为自我发展提供自由空间；同时，要给这种自由的教育体制环境"涂上文明价值的底色"，使学生能够自由发展而不迷茫。继而，本章提出用文明视角观察学校教育系统中的教育条件、教育自身和教育体制。教育自身是学校教育系统的核心，教育自身将学校教育活动中师生关系理解为人类文明传承和创新的共同体。

第一节　教育关系：教育自身的核心

一、观察学校教育系统的三个概念工具

可以用教育条件、教育体制和教育自身三个概念工具来观察学校教育系统。这三个概念工具能够客观地观察到学校教育系统的全

貌和内在特性。从教育史视野来看，学校教育实践活动存在自身逻辑或者教育自身①。教育自身就是教师和学生之间围绕真、善、美、圣等文明永恒价值相互砥砺的过程和状态。在教育中师生关系是核心关系，而依托于师生关系的文明永恒价值和核心价值是师生互动的核心和基础。在教育自身中，除了师生关系，还包括教师之间的关系和学生之间的关系，三种关系围绕文明价值互动过程中形成的文明发散和传播效应是贯穿教育活动的根本追求。与教育自身相对应的是教育条件。教育条件是保证教育自身顺利展开的各种条件和资源②。以学校教育为例，学校不是教育自身而只是教育条件。随着现代社会的发展，教育自身的展开受到教育体制的限制。因此，实际的教育带有一定的局限性。教育体制是现代社会发展的产物，是教育事业发展的社会合作机制。教育体制赋予教育以教育条件、教育资源组合原则和教育实践活动的合法性。在真实的教育活动过程中，教育自身是根本、教育条件是基础、教育体制是关键。

文化是一种生活方式，混合着两极对立的价值体系。而文明是文化的精华，是文化的积极层面。教育作为文明传承、创新的主要通道，文明之间交流、合作的载体，不仅要培养以身载道的文明人，还要培育文明传承、创新、交流、合作的精神内核、核心使命、动力机制、运行模式等。

二、关系与教育关系

教育自身是教育活动之根本，教育自身的实质是营造出良好的教育生态。在解析教育关系之前，需先解读在本章中"关系"的内涵和外延。

一般而言，关系是主体与外界互动过程中关心、关注、爱等情

---

①②　雷洪德. 论教育自身：涂又光教育哲学之本体论 [J]. 高等教育研究，2005（8）：15 – 17.

感能量或信息、金钱、物质等资源持续性倾注的状态，并在主体间构成环路。关系为主体提供向外界呈现自我和建构自我的机会，并在这一过程中主体成就理想自我。关系具有神圣性。在关系之中，主体朝向理想自我去建构自我与他人之间理想的互动形态。在此过程中，自我与他人走向共同成长。互动意味着建构关系，关系交错缠绕意味着生态形成，关系构成生态，生态意味着整体性、根本性、基础性。在生态中意味着每个个体、每个群体形成系统的多样性，即"万物并育而不相害，道并行而不相悖"复杂而和谐的状态。在关系构成的生态中，关系具有复杂性和多元性。关系的建构和关系主体的互动受到关系生态的支持和制约。人类个体都不是孤立地生活，都需要建立关系并在一定的环境中生活，但同时会受到所处环境的局限。唯有用人类文明价值反思这种局限性，才能走出这种局限性。每一代人、每一个人都需要文明之光的照亮和引导，以此完成个体人性的跃迁和人类文明的传承。在教育实践中，通过对人类文明永恒价值的追求，通过对内心至善的追求和发扬，通过对人类文明之光的传递和接续，使个体融入人类文明之中。每个个体都是一个支流，最终会汇入文明的大河。

在教育关系构成的教育生态中，主要的教育关系如下。

"我"与"你"：主要指两个主体，因为文明传承和创新所形成的教育关系，这种关系使他们彼此独立、相互尊重地交往和互动。但是，在不同的文化背景下，文化赋予"我"与"你"关系的期待和认同也不同。一般而言，在因为本能的血缘关系或者熟人社会的默认规则，主体会运用"差序格局"的通常做法处理"我"与"你"的关系。"我"会因为与"你"在"我"的差序格局的位置即情感距离和利益关系，来处理"我"与"你"的关系。在教育场景中，常见的是，教师不能对所有学生一视同仁，而是因为自己的喜好和利益，去处理与学生的关系。

"我"与"他"：主要是指两个地位和身份相对平等和相对独立的两个主体之间交往互动关系，诸如学生与学生、教师与教师。

"我"与"他"还有另外的含义，即指代"我"与陌生人的关系。在传统文化背景中，长期以来人际关系奉行的差序格局中的熟人社会规则。这些规则极其复杂，但无论如何熟人之间尽管存在人情冷暖之差异，但人情的温度还存在一些。而对于差序格局之外的陌生人，一般而言是比较冷漠的，"事不关己，高高挂起"的心态是比较普遍的。其实，人们需要的是另外的处理"我"与陌生人之关系的智慧，即"待人如己"，对照自身，面对自己想要之物要做到"己欲立，而立人；己欲达，而达人"。面对自己不想要之物要做到"己所不欲，勿施于人"。在此基础上，才能对待"他"人温暖，尊重而不强迫。在个体自我没有成熟阶段，他人与自我构成自我成长的双螺旋结构，这种结构为自我成长提供动力和成长资源。个体对自我的反思和他人对自己的反馈是自我成长的双重动力，同时又是成长资源。

"我"与"我"：主要指"现在的我"如何面对"过去的我"与"将来的我"，主要涉及自我认同和自我理想。"过去的我"无论辉煌还是暗淡，甚至痛苦，"现在的我"都应该对"过去的我"进行反思。"理想的我"是"现在的我"努力成长的目标和主动建构的对象。但是贯穿"过去的我""现在的我"和"将来的我"的是"我"对自我价值的态度。判断自我价值的标准是自我创造和奉献的社会价值的多少以及个体承担的社会责任的多少。当然，在教育场景中，个体特别是学生的自我价值体现在个体自我对人类文明成果的继承和创新方面。

"我"与"我们"：个体自我意识从"我"到"我们"的过渡属于自我的发展。但是否属于真正的发展，则取决于"我们"这一群体组织原则和共同目标。在教育场景下，理想的"我们"属于人类文明传承和创新的共同体。"我们"的发展程度还表现在"我们"对"我们"之外的"他们"的态度和方式上。这与"我与他"的关系类似。应然层面来讲，贯穿"我"与"我们"的应该是价值认同。没有价值认同，"我们"这一共同体的凝聚力就会大打折扣。即使是一个班级或一个学校，当个体对集体的价值认同时，个体自我意识的"我"自然转换成"我们"。当然,也存在这样的情况,当个体自我首先拥有将"我们"建设成共同体的使命时,"我们"的意识也会逐步替换不同个体"我"的意识。

"我"与"它"(生活世界、需要继承的文明世界):在教育场景下,本节"我"与"它"主要陈述的是"我"与"需要传承的文明世界""置身其中的生活世界"的关系。"我"与"需要传承的文明世界"关系主要是说,作为个体的我(无论教师还是学生)是人类历史中优秀的人类文明继承者。人类整体创造了文明的诸多高峰,作为继承者首先要珍惜和学习前人的成果,这是教育场景中的个体应有的责任和担当。个体的"我"与生活世界的关系,个体置身于生活世界,既要受到生活世界中已有规则的制约和压迫,同时,又要承担主动建构新的生活世界的责任。比如,个体的"我"要建构一个更加文明的世界,就需要将自身所承载的文明"发出亮光"。

三、师生关系: 文明传承和创新的共同体

师生关系是教育关系中的核心关系。师生关系本质是文明传承和创新共同体。它并不是一种具有固定模式的稳定关系,而是处于动态的相互建构之中。这种建构中的关系或关系结构,宗旨指向文明传承和创新。师生文明共同体关系的维持,需要不断地注入关爱、道德、真理、美好等人类文明永恒价值。师生关系,不是以教师为中心,也不是以学生为中心,而是将教师和学生统一于文明传承和创造的过程之中。正如阿尔弗雷德·诺斯·怀特海(Alfred North Whitehead)在论述大学存在的理由中所提及的师生关系,"大学存在的理由是,它使青年和老年人融为一体,对学术研究进行充满想象力的探索,从而在知识和追求生命热情之间架起桥梁。"① 教育关系中

---

① [英] 阿尔弗雷德·诺斯·怀特海. 教育的目的 [M]. 徐汝舟,译. 北京: 生活·读书·新知三联书店,2002: 138.

文明的传承和创新基本功能是对人性中真、善、美、创造力等的照亮和唤醒。在这一过程之中，教师和学生自身也得到发展。

以个体的"我"之视角来看，师生文明共同体包含"我"与"你""我"与"他""我"与"它"的复杂关系生态。以"我们"视角来看，"我们"可以指代"学生共同体""教师共同体""师生共同体""学校共同体"等。考虑个体视角的具体性和全面性，本节仅从个体"视角"考察师生文明共同体的关系结构。

"我"与"你"：主要指教师和学生因为文明传承和创新的共同体关系，彼此独立、相互尊重地交往和互动。任何中断这种"我"与"你"的互动关系，均使人类文明萎缩；如果存在的交往成为现实的话，人就能通过教育既理解他人和历史，也理解自己和现实，就不会成为别人意志的工具。① 用"我与你"界定"师与生"，不过是"人对人的主体间灵肉交流活动（尤其是老一代对年轻一代），包括知识内容的传授、生命内涵的领悟、意志行为的规范、并通过文化传递功能，将文化遗产教给年轻一代，使他们自由地生成，并启迪其自由天性。因此，教育的原则是通过现存世界的全部文化导向人的灵魂觉醒之本源和根基。"② 其主要克服某些教师所拥有的差序格局观对学生造成的负面影响。

"我"与"他"：主要是指教师和学生之间在人格平等的基础之上，在共同体框架内的交往互动关系。其主要克服"熟人社会默认规则"对师生关系造成的影响。

我与它（生活世界、需要继承的文明世界）：在教育场景下，教师或学生与"需要传承的文明世界""置身其中的生活世界"的关系。前者，无论教师还是学生与人类历史中优秀的人类文明具有传承和创新责任。后者，无论教师还是学生与生活世界的关系，个

---

① ［德］卡尔·西奥多·雅斯贝尔斯. 什么是教育 ［M］. 邹进，译. 北京：生活·读书·新知三联书店，1991：2.

② ［德］卡尔·西奥多·雅斯贝尔斯. 什么是教育 ［M］. 邹进，译. 北京：生活·读书·新知三联书店，1991：3.

体置身于生活世界都要承担主动建构新的生活世界的责任。

第二节　教育者教育信仰："师生文明共同体"的内在保障

信仰是对某种仰望的意义或价值的绝对相信，并以之作为人生的仰仗和依赖。① 信仰给人提供向着真、善、美等人类文明永恒价值前进的牵引力。拥有相同信仰的人结成组织便使精神世界的牵引力转变成现实的牵引力。虔诚的信仰，一般都具有稳定的形上体系，相对开放的价值体系，持续不断的情感体系，一以贯之的实践体系。这四个体系可以分别用认知、仰望、情感、体认四个维度来表征。这四个维度环环相扣、螺旋上升，具有稳定性、开放性和运动性。这种结构使信仰内在于人生之核心，又外显于行为之践行。教育信仰是教育者人生信仰的衍生，是将人生信仰投射到教育活动之上，形成的对某些绝对价值的认知和体认及对教育实践活动整体性的认识。教育信仰是教育行为的至高目的和根本动力，是教育者的责任意识和奉献精神的根源。② 教育信仰包含"认知、渴望、情感、体认"等四个维度的要素，即教育者对学校教育活动文明底色的认识、对文明永恒价值的追求、对学生（他人）成长的关爱和对自身道德修炼的坚持。

一、对学校教育活动之文明底色的认同

学校教育是文明传承和创新的通道，教育系统拥有文明底色。暂且将这种认知称为教育活动存在根据的文明论。文明论即中国古

---

① 李杰．荒谬人格——萨特［M］．武汉：长江文艺出版社，1997：70.
② 张权力．蔡元培与梅贻琦治校风格的对比研究［D］．上海：华中科技大学硕士学位论文，2012.

典文献所论述的学校存在根据，它之所以与教育存在根据的政治论不同，在于这是一种内在的修为之路——"修己以敬，修己以安人，修己以安百姓"，通过"修身、齐家、治国、平天下"的途径，来达到所谓的"明明德，亲民，止于至善"理想。"大学之道，在明明德，在亲民，在止于至善"①，"九年知类通达，强立而不反，谓之大成，夫然后足以化民易俗，近者悦而远者怀之，此大学之道也"②。这不仅是教育的理想，更是真实的存在。遵循"化民成俗，其必由学"的告诫，汉代实现"立太学以教于国，设庠序以化于邑，渐民以仁，摩民以谊，节民以礼"③，太学培养大批儒生和官吏，他们举办学校、着力教化。用现代的话来讲，学校教育体系是一个文明的中心，一所学校是当地文明的示范，这种文明的首要特征是师生自身对文明核心价值的体认和参悟，此外是师生对文明中真善美等永恒价值的坚守和弘扬，而培养出来的每一个学生都是文明的载体。

文明论是教育活动存在的根本，这是教育活动自身最根本的整体性。因为这种理论对学校产出的论述基于文明的整体，并通过培养出每一个以身载道的文明火种，去照亮整个社会。基于这种理论，教育活动实现了现代教育体制所缺乏的那种完整性，产出的是兼具知识和道德修养的个体，还产出了学校和个体的社会示范（教化）效应。从现代社会发展的趋势来看，以身载道的个体，身上所具有的"道"是个体道德修养和知识创新的合体。这种个体在学校学到的不是多少具体的知识，而是对文明的参悟的能力和文明创造的方法。具有文明底色教育活动是人类文明传承和创造活动。

① 黄俊杰．中日四书诠释传统初探［M］．中国台北：台湾大学出版中心，2004：268.
② 金涛．四书五经全注全译典藏本［M］．南昌：百花洲文艺出版社，2011：754.
③ 班固．汉书［M］．北京：中华书局，1982：2503-2504.

二、对人类文明核心价值的追求

教育活动的存在根据是基于"文明论"的，教育活动的目的是通过以身载道的教师与学生的主体性活动，去进行文明的传承和创新。在教育的传承方面，传承的根本是师生之间"道"的传承。然而，什么是"道"？人类文明的核心价值是"道之根本"。而教育者对人类文明核心价值的追求，则是教育信仰的重要构成部分。

处在文明传承和创新体系核心地位的教育活动，文明的核心价值是教育活动原料和终极指向。具体到教育活动之于个体的意义，个体人性的修炼和跃迁无疑处于核心地位，教育活动通过传承文明的核心价值来确立个体学生的生命意义与价值。教育活动重在唤醒和促进学生个体人性的解蔽和提升。特别是对于教育者，教育生活和自我人性修炼更应融为一体。

教育者是教育活动的主体之一，而且由于体制赋权给教育者诸多责任，因此教育者在知识传授和教育教学管理方面处于主导地位。无疑，教育者对人类核心价值的追求及其表现出的教育行为，诸如对永恒价值的倡导、实践和提升，对求学者的知识学习和创新、人格养成、学校教育氛围的培育等将起到根本性的促进作用。因为文明的核心价值只有师生在教育活动中切身经验基础上，才能得到真实的认知和体验，师生才能坚持追求和传承它们，并在社会中将它们发扬光大。

然而，教育者应该坚持什么文明的哪些核心价值？首先，教育者是一个积极的学习者和高尚人格的追求者；其次，教育者与求学者共同承担文明传承和创新的使命和责任，两者是一种合作关系。因此，教育者在人性的克服自我中心和超越自我中心层面都应该做出表率。但是，需要强调的是：第一，坚持自身文明中核心价值的追求，同时还要具有人类命运共同体的认知，价值传承过程具有开

放性；第二，坚持道德与人格养成、智慧传承和创新等核心价值
为核心；第三，永恒价值背后是文明的形而上体系和精神追求，
任何一种核心价值的追求到最后都通向文明形上体系和精神追求
的核心——终极实在。

三、对学生成长的关爱

教育信仰还包括教育者充满对学生（他人）成长的关心和爱。
正是这种关爱决定了教育活动与一般文化活动的特殊性，也正是这
种关爱凝结成了学生成长的文明"养料"。

教育者与学生存在一种关系结构，这种关系结构是一种文明共
同体，它的使命正是上文提及的文明的传承和创新。但维系这种关
系结构的因素除了双方对这一使命有共同的认知，还有教育者对学
生成长的关爱。而这种关爱的能力获得，源头在于教育者自身的修
养和教育者和学生之间的相互促进。当然，上文提及的体制和制度
基础也很重要。

这种关爱源于教育者自身"爱"的状态，而关爱他人是自身的
一种给予和奉献。儒家讲"爱有差等"，基督教讲"爱自己的敌
人""爱你的邻居"。从爱的彻底性和深刻性来讲，儒家与基督教
有区别，儒家的"爱"来自伦理道德，基督教的"爱"源自"上
帝"。但是二者却有共同的现实起点，在自我修身的基础上由爱身
边的人开始。因此，作为教育者对学生成长的爱，建立在教育者自
身修为之上，它源于教育者自身"爱"的丰盈。这种爱最终指向是
学生最终的独立，独立地去承担文明继承、传播和创新的使命。这
种独立涵盖了精神、人格、能力的独立。

这种关爱是一种能力，是在学生心灵中播种和唤醒同样一种爱
的能力。沃夫冈·布列钦卡（Wolfgang Brezinka）说，"教师对学生
的教育责任源于父母教育子女责任的转移。父母教育子女的责任源
于父母对子女本能的爱，教师对学生的教育责任表面源于教育责任

体制的压力"。① 在这种责任转移的过程中，师生缺乏父母子女之间的本能之爱，却需要一种师者之爱来保证教育的自然发生（而非强制）和教育的品质。师者之爱，其动力除来自教师自身的修养和对文明共生体这种关系的认知外，还源于一种用充盈和无私之爱唤醒和传递同样一种爱的能力。这种爱不求个人的回报，那么这种爱到底存在不存在？能否在现实的教育场景中实现？以下的案例能回答这个问题。

老师对我最好②

案例背景：有一个小学老师去世后，他的学生从四面八方赶回来，参加葬礼，所有他教过的学生都哭着说，老师在所有学生中待自己是最好的。问题是：为什么每一个学生都觉得老师对自己最好呢？这个老师到底用了什么法子才会让每一个学生有这种感觉呢？老师能不能做到这样呢？

以下是笔者与一位师范生关于这一主题的对话：

A：你觉得能做到吗？这是一个真实案例。

B：可以的，肯定可以的。我觉得这个案例中特别珍贵的就是"他是一个小学老师"。

A：怎么做到？

B：根据记忆一般规律，幼儿园和小学应该是记忆最模糊的阶段，这个老师能做到这样，他是非常厉害。怎么做到？我觉得，小学老师，让我回忆，我不会记得他教的怎么样，而是他是什么样的人？如果这样一来的话，那就是这个老师的人格魅力。对学生特别照顾，特别好或者做了一些影响孩子一生的事情，比如理想或道德等。

---

① ［德］沃夫冈·布列钦卡. 教育目的、教育手段和教育成功：教育科学体系引论［M］. 彭正梅，译. 上海：华东师范大学出版社，2008：117－119.
② 案例背景及其讨论是真实的，讨论由研究者和一名免费师范生进行。

A：我读硕士时一位老师就是这样的。他带的每一个学生都觉得他对自己最好。

B：所以其实一个老师的人格真的很重要。

A：我觉得首先是这个小学老师的人格魅力真的很强，另外还有一个关键，是他能够给每一个学生他所有的爱。每一个学生感受到的都是老师所有的爱，那肯定觉得老师待自己最好了。研究生阶段老师做到这点相对小学老师容易些。因为研究生阶段是导师制，小学阶段是班级制。研究生导师每年带 2～3 名学生，而小学老师一年带几十名学生。

B：是的。

A：但是人格强大到对他所带的每一个学生都一样付出，这种人格魅力就像太阳的光辉那么强大，善待每一个生灵。给我们的启发就是，教师这一职业要充满爱，要爱我们身边的那些人，自己的父母、亲人、朋友、老师、学生，甚至没有见过的有缘人和陌生人。

四、对自身道德修养的追求

因为缺乏，所以重要。韩愈有言，"师者传道、授业、解惑也"。在传统社会，教育者个体对学生的影响是整体的，而且，首先是道与德的影响，其次是知识传授和对学生人生困惑的指导。而现代教育体系中，教育者个体对学生的影响是片面的（分科教学），而且仅仅在知识传授层面。原因在于，整个现代社会完成了基于理性化的体制建制过程。在体制化后的制度化教育中，基于效率的专业分工，诸如知识教学和道德教育分离，教育者沦为教书匠，"传道、授业、解惑"偏狭为"授业"，导致学生在求学过程中看不到完整的教师形象，教师和学生的物理距离和心理距离存在制度鸿沟，教师自身的道德修养之追求也缺乏外在和内在的动力。若不能在制度上保证教师与学生在心理距离上无隔阂，无论在教育过程中多么强调教师职业道德和专业信念都是本末倒置。因为教育体制特别是其中的教育制度规定了教育主体的关系及其之间的活动框架。缺乏体制和制度基础，现代社会中教师的自身修养成为"无根之木"。而现代教育体制建立之前，读书人的修身理想和士、农、工、商的社会结构基础，却为体系中教育者与求学者之间的"如切如磋、如琢如磨"提供了文化和体制基础。

那么，为什么教师的自身修养如此重要，以至于成为教育信仰的重要因素呢？

首先，任何一种工作都是一种自我道德修为活动，而工作只是修行的途径。历史中至圣先贤，都是以自我修行为起点去奉献人类社会。"修身、齐家、治国、平天下""修己以敬，修己以安人，修己以安百姓"都是生动的写照。同样以孔子为例，孔子以"敏而好学，不耻下问"提高自身修养，或为师开办私塾，或为官建立功业，一生致力于"大道之行""克己复礼"。

其次，教育活动与一般文化活动相比具有特殊性。教育者自身道德修养的目的是将自己修养成人类文明成果的传递者和创造者，一个以身载道的文明火种，一个文明永恒价值的充盈者。教育者与学生相遇是为了文明的传承和创新，在这一过程中，文明的核心价值构成了学生成长"养料"。然而，真正将这些养料凝结的是教育者对学生成长的关爱。正是这种关爱决定了教育活动与一般文化活动的特殊性。而这种关爱源于教育者自身爱的充盈，根源在于教育自身的道德修养。

最后，教育活动是建立在教育者自身道德修养基础上的精细活动。帕克·帕尔默（Parker Palmer）认为，"就像任何真实的人类活动一样，教学不论好坏都发自内心世界。认识学生和学科主要依赖关于自我的知识。……作为教师，无论我们获得哪方面有关自我的知识，都有益于更好地服务于教学和学术。"① 再以教育效果为

① ［美］帕克·帕尔默. 教学勇气［M］. 吴国珍，译. 上海：华东师范大学出版社，2005：3.

例，教育活动之所以产生效果不是因为教育者是现代教育体制中的强者，不是因为教育者是长者，更不是教育者比求学者拥有更多知识，而是因为教育者自身是一个人格高尚的人，一个自身修为高的人。在这一前提下，所有的教育因素在受教育者身上产生正面反应和正向影响。相反，若教育者自身修养不高，那么他对学生的正面的综合影响就会大打折扣，甚至完全抵消，或者只剩下伤害。另外，从学生的立场来讲，学生对教师产生的印象好坏，不是基于教师自身对班级的公共形象，而是基于这样一种情况的反应：当学生个体成长过程中遭遇外界的冲突，并向教育者求助。教育者对每一个学生的问题的反应和处理方式，构成了教育者在那一个学生心目中的印象。而事实上，教育者的反应是建立在自身的修养之上，教育者自身修养和对问题的处理方式会传递到受教育者心上。

但需要强调的是，当教育活动成为一种社会体制性活动时，教师对自我修养的追求和坚持，就不再是一种个体行为，它需要体制和制度上的保证。基于此，反思和重建现实的现代教育制度来保证教育者的自身修养的动力，从而改善师生关系提高教育品质变得迫在眉睫。

以教育者的立场和视角来看，教育信仰包括对教育活动文明底色的认同、对文明核心价值的追求、对学生的关爱和对自身道德修养的坚持。教育信仰首先是教育者相信教育活动的本质和相信自身具有建构更好的教育活动的可能性的"信"的状态和态度，是自身对教育活动的敞开的心向。教育信仰根植于教育者自身的人生修养，对生命和生活的理解，对人性本身的超越，进而上升到对教育整体性的理解和对文明的传承和创新的使命的理解。它基于自我对人类核心价值理解，从把教师职业作为普通的社会职业之一，跃迁到一种具有神圣性的社会职业（教师自我和人类文明整体的融合）。教育事业是面向未来的事业，是基于某些条件由教育主体互动、针对文明传承和创新的可能性建构。

第三节 本章小结

通过微观层面对学生个体安全感教育传记文本分析,所得到的启示是:一定意义上,学生个体安全感的结构和阶段性特征是由教育体制环境所决定的。同样,通过对学生自我发展教育传记的分析所得到的启示是:教育竞争环境下的应试取向迟滞了学生的自我发展和个体人性跃迁;教育自由环境中,由于缺乏文明永恒价值引导,学生个体人性跃迁缺乏动力,甚至一些学生回归到迷茫混沌的"前自我中心阶段"。学生安全感寻求和自我发展两个话题,同时汇集到教育环境这一宏观层面。

学校教育环境是可建构的。因此,本章提出观察教育环境或教育系统的三个概念工具:教育自身、教育条件、教育体制。这三个概念的组合构成学校教育环境中不同的教育生态。在本章中,通过对中国现代教育现状的反思,认为教育自身是教育环境中的根本,教育条件是基础,教育体制是关键。教育自身是由文明共同体构成的关系丛聚系统,其中,师生是围绕文明永恒价值传承和创新的文明共同体之核心。教育条件是教育活动得以展开的基础。而教育体制是关联教育自身和教育条件,使教育活动得以开展的关键。

学生安全感的寻求和自我发展在学校教育环境是可以同时保障的,这并不是空想的乌托邦。它只需用文明的视野把握教育自身中的核心关系,用文明共同体的使命和责任建构师生关系。由于教育者的在文明共同体中重要地位,需要用教育者的教育信仰来维系文明共同体。然而,"教育自身""教育条件"和"教育体制"都应具有文明底色。"文明"在本章中指的是"文化之光",无论是"文明底色""文明核心价值""文明跃迁"还是其他与文明相关联的词汇,文明之于个体或群体的作用都是文明之光驱散人性的黑暗,用文明价值去确立作为人的生命和生活的意义,引导个体进行人性跃迁,引导社会进行文明跃迁。

附　录

学生安全感寻求与自我形成：
教育传记（要求和模板）

　　本着真诚、合作、信任和开放的原则，与您（合作传记者）进行合作。研究将严格遵守研究伦理和规范，合作传记的内容只有研究者和传记作者本人看到。在研究报告中呈现合作传记的部分内容将根据隐私原则和科研规范做技术处理。

　　写作提示：

　　自传文本写作主题。

　　自传文本属于研究者与被研究对象的合作传记，它有两个主题，即接受教育生涯中"安全感"和"自我"。二者都涉及一系列的次级主题。在每一个次级主题都包含一系列逐步深入的问题。总的书写要求是：书写教育生涯中的关键时间段中的重要事件（不发生在自己身上，但深刻影响自己的事件亦可）、重要关系和自我反思。

　　总的要求：

　　按照时间顺序，写出过程性和每个过程的差异性；教育生涯中，关键时间段关键事件关键人物对个体寻求安全、形成自我的影响。

　　个人的基本状况：

　　出生年代、家庭经济状况、父母职业、家中子女数量和排行、就读学校经历（学校性质和类别）、学生干部经历、身体状况。

　　关于安全感的次级主题：

　　正面的重要他人系列（在你的教育生涯中，哪些人给过你重要支持和鼓励，请按照时间顺序写出他们对你的重要影响）。

正面的学校制度观感系列（从你自身而言，你所经历的那些学校的哪些制度感动过你，为什么？请依据时间顺序，以具体事件说明）。

幸福或骄傲事件系列（你在教育生涯中会沉溺于自己喜欢的学科、事件、爱好甚至形成一种执着吗？请依照时间顺序写出对你而言比较重要的幸福或骄傲）。

创伤事件系列（请按时间顺序写作：可以使身体创伤、心理创伤或信念危机）。

负面人物及事件系列（请按照时间顺序写作：讨厌、恐惧、回避的老师、学生或其他，你会选择什么样的策略去面对？）。

最讨厌的学校制度系列（可以通过某些事件来验证体验）。

你理想的学校是什么样的？理想的师生关系是怎样的？理想的同学关系是怎样的？

你高考后撕过书（参考书、试卷）吗？

您做过关于学校生活的噩梦吗？（请举例说明）

关于自我的次级主题：

您的教育生涯让您拥有了什么具体可见的东西？

您的教育生涯给予哪些重要他人和亲密关系？

您的教育生涯给予你哪些知识、能力、信念？

您所期待的理想自我是什么？

榜样人物变迁或理想和抱负变迁（你高考之前的理想就是考上大学吗？现在是否确定了你的理想抱负？）。

自我认同危机事件（在教育生涯中，你曾经对你自己是否产生过认同危机，变得不喜欢自己？）。

专业选择（本科或研究生）（你读大学的专业是你自己选的还是别人帮你选的，或者与别人商量的结果？你是否喜欢你自己的专业？为什么？）。

座右铭或墓志铭设计（可以是一段话，可以你期望的别人对你的评价，可以是您的一生抱负等）。

以上写作模板和写作建议仅供参考。

当然，关于安全感的写作主题，可以按照次级主题去写或按照"学前——小学——初中——高中——大学"顺序来写。写作过程中注意联系安全感的次级主题即可。

同样，关于自我的写作主题，可以将自我的次级主题作为提纲，在提纲下进行资料填充式的写作（当然，具体采用什么样的写作形式，传记合作者可以进行自由选择）。

附范本举例：

以"幸福或骄傲事件系列"为例。

幸福和骄傲的事件，这是一个不错的话题！能够记录下来那些曾经让我骄傲过、感动过的事情，对我来说是一种恩赐和享受。

小学阶段的美好记忆并不那么多，唯一记得的一件事情是发生在我农村一年级的班级中。……

初中阶段，幸福感和成就感来自我所在的充满合作和关爱的集体。……

而至于学科，初中时带来最大成就感的是英语。……

此外，初中阶段还有一大乐趣，便是每天看着我暗恋的那人人。……

到了高中，压力多于幸福，但快乐还是有的。最大的快乐大概就是在课下打羽毛球和看人打羽毛球的时光了吧。……

大学呢，上大学的时候觉得很充实，社团、课程、兼职、恋爱，该做的都做了。但现在想想，还是有很多遗憾，就是没有好好念书。……

教育生涯给予的物质自我

以现在目光，来看自己的教育生涯，在这个不断地变迁的时空中，自己获得了哪些东西呢？

首先想到的是那些各种各样的奖状、录取通知书、英语证书、计算机证书、荣誉证书。奖状主要在高中以前，在研究生阶段主要是荣誉证书。高中和大学阶段，整个教育体验是比较压抑。身伛原因、家庭经济状况，一直困扰着我的内心专注状态。另外，高中升学压力比较大，自己的整个身心状态呈现焦虑状。大学期间，由于缺乏自我规划能力，大学的散漫自由，消磨掉了人的精神。考各种证书也很盲目，都是随大流考的。考研的时候倒是认真复习了，但是考什么学校却听从已经读研同学的建议。硕士研究生期间，由于在学院图书馆做助管，其间阅读了大量教育类书籍和期刊，积累了很多想法，经常参加学术会议并发言，获得了一些荣誉证书。另外，研究生毕业论文，是我比较认可的。……论文最终答辩时获得答辩老师的一致好评。

主要参考文献

1. ［美］查尔斯·赖特·米尔斯. 社会学的想象力［M］. 陈强，等，译. 北京：生活·读书·新知三联出版社，2001.

2. 李江陵. 价值与兴趣：培里价值本质论研究［M］. 北京：中国社会科学出版社，2004.

3. ［德］马克斯·舍勒. 价值的颠覆［M］. 罗悌伦，译. 北京：生活·读书·新知三联书店，1997.

4. ［美］杰斯·费斯特，格雷戈里·J. 费斯特. 人格理论［M］. 李茹，等，译. 北京：人民卫生出版社，2005.

5. ［日］佐藤学. 学习的快乐——走向对话［M］. 钟启泉，译. 北京：教育科学出版社，2004.

6. 于伟. 现代性与教育［M］. 北京：北京师范大学出版社，2006.

7. 陈桂生. 常用教育概念辨析［M］. 上海：华东师范大学，2008.

8. 金生鈜. 规训与教化［M］. 北京：教育科学出版社，2004.

9. 郭思乐. 教育走向生本［M］. 北京：人民教育出版社，2012.

10. ［美］弗雷德·伦恩伯格，艾伦·奥恩斯坦. 教育管理学［M］. 朱志勇，等，译. 北京：中国轻工业出版社，2013.

11. ［美］吉尔特·霍夫斯泰德，格特·扬·霍夫斯泰德. 文化与组织：心理软件的力量［M］. 李原，等，译. 北京：中国人民大学出版社，2010.

12. ［德］奥托·弗里特里希·博尔诺夫. 教育人类学［M］. 李其龙，等，译. 上海：华东师大学出版社，1999.

13. 江绍伦. 安全感的建造［M］. 中国香港：岭南学院出版社，1992.

14. ［美］威廉姆·布鲁姆. 淡定的力量：安全感［M］. 王瑨，译. 北京：同心出版社，2013.

15. ［印］杜吉·克里希那穆提. 教育就是解放心灵［M］. 张春城，唐超权，译. 北京：九州出版社，2010.

16. ［美］乔纳森·布朗. 自我［M］. 陈浩莺，等，译. 北京：人民邮电出版社，2004.

17. ［美］L. A. 珀文. 人格科学［M］. 周蓉，等，译. 上海：华东师范大学出版社，2001.

18. ［美］查尔斯·库利. 人类本性与社会秩序［M］. 包凡一，等，译. 北京：华夏出版社，1999.

19. ［美］克瑞斯·阿吉里斯. 个性与组织［M］. 郭旭力，译. 北京：中国人民大学出版社，2007.

20. ［捷克］丹尼尔·沙拉汉. 个人主义的谱系［M］. 储智勇，译. 长春：吉林出版集团，2009.

21. ［英］查尔斯·泰勒. 自我的根源：现代认同的形成［M］. 韩震，等，译. 南京：译林出版社，2008.

22. ［美］约翰·马丁·里奇，约瑟夫·L. 戴维提斯. 道德发展的理论［M］. 姜飞跃，译. 哈尔滨：黑龙江人民出版社，2003.

23. ［德］O. 施宾格勒. 西方的没落（上）［M］. 吴琼，译. 上海：生活·读书·新知三联书店，2006.

24. ［英］阿诺德·汤因比. 一个历史学家的宗教观［M］. 晏可佳，等，译. 成都：四川人民出版社，1998.

25. ［美］塞缪尔·亨廷顿. 文明的冲突与世界秩序的重建［M］. 周琪等，译. 北京：新华出版社，1998.

26. 方东美. 中国人生哲学［M］. 中国台北：黎明文化，1981.

27. 沈清松. 物理之后——形上学的发展 [M]. 中国台北：牛顿出版社，1987.

28. ［英］阿拉斯代尔·查莫斯·麦金泰尔. 三种对立的道德探究观 [M]. 万俊人，等，译. 北京：中国社会科学出版社，1999.

29. ［美］休斯顿·史密斯. 人的宗教 [M]. 刘安云，译. 海口：海南出版社，2001.

30. ［美］阿尔弗雷德·阿德勒. 六大观念 [M]. 陈珠泉，等，译. 北京：团结出版社，1986.

31. ［英］阿尔佛雷德·诺斯·怀特海. 教育的目的 [M]. 徐汝舟，译. 北京：生活·读书·新知三联书店，2002.

32. ［德］卡尔·西奥多·雅斯贝尔斯. 什么是教育 [M]. 邹进，译. 北京：生活·读书·新知三联书店，1991.

33. 李杰. 荒谬人格——萨特 [M]. 武汉：长江文艺出版社，1997.

34. 李鍌. 中国文化基本教材〈论语〉[M]. 中国台北：正中书局，2008.

35. 黄俊杰. 中日四书诠释传统初探 [M]. 中国台北：台湾大学出版中心，2004.

36. 金涛. 四书五经全注全，译典藏本 [M]. 南昌：百花洲文艺出版社，2011.

37. 班固. 汉书 [M]. 南昌：中华书局，1982.

38. ［德］沃夫冈·布列钦卡. 教育目的、教育手段和教育成功：教育科学体系引论 [M]. 彭正梅，译. 上海：华东师范大学出版社，2008.

39. ［美］帕克·帕尔默. 教学勇气 [M]. 吴国珍，译. 上海：华东师范大学出版社，2005.

40. 郑世兴. 现代教育史 [M]. 中国台北：三民书局行，1981.

41. 陈启天. 中国近代教育史［M］. 北京：中华书局，1969.

42. ［德］卡尔·西奥多·雅斯贝尔斯. 历史的起源和目标［M］. 魏楚雄，等，译. 北京：华夏出版社，1989.

43. ［德］卡尔·西奥多·雅斯贝尔斯. 什么是教育［M］. 邹进，译. 北京：生活·读书·新知三联书店，1991.

44. ［美］约翰·布鲁贝克. 教育问题史［M］. 单中惠，译. 济南：山东教育出版社，2012.

45. ［法］埃德加·莫兰. 复杂性理论与教育问题［M］. 陈一壮，译. 北京：北京大学出版社，2004.

46. ［美］欧文·戈夫曼. 日常生活中的自我呈现［M］. 黄爱华，等，译. 杭州：浙江人民出版社，1989.

47. 刘良华. 教育自传［M］. 成都：四川教育出版社，2005.

48. ［法］菲利普·勒热讷. 自传契约［M］. 杨国政，译. 北京：生活·读书·新知三联书店，2001.

49. ［苏］伊·谢·恩. 自我论［M］. 佟景韩，等，译. 北京：生活·读书·新知三联书店，1986.

50. ［美］珍妮特·米勒. 打破沉默之声：女性、自传与课程［M］. 王红宇，等，译. 北京：教育科学出版社，2008.

51. ［美］威廉·F. 派纳. 自传、政治与性别［M］. 陈雨亭，等，译. 北京：教育科学出版社，2007.

52. ［加拿大］马克斯·范梅南. 生活体验研究：人文科学视野中的教育学［M］. 宋广文，译. 北京：教育科学出版社，2003.

53. ［美］威廉·F. 派纳. 课程：走向新身份［M］. 陈时见，潘康明，译. 北京：教育科学出版社，2008.

54. ［美］威廉·F. 派纳. 理解课程［M］. 张华，译. 北京：教育科学出版社，2008.

55. 李家成. 成长需要：在高三与大一之间［M］. 天津：天津教育出版社，2006.

56. 李家成. 回首高中：大学生的高中记忆及教育学评点［M］.

天津：天津教育出版社，2006.

57. 时蓉华. 社会心理学词典 ［Z］. 成都：四川人民出版社，1988.

58. 宋书文. 管理心理学词典 ［Z］. 兰州：甘肃人民出版社，1989.

59. 卢乐山等. 中国学前教育百科全书（心理发展卷）［Z］. 沈阳：沈阳出版社，1994.

60. 李德顺. 价值学大词典 ［Z］. 北京：中国人民大学出版社，1995.

61. 丛中，安莉娟. 安全感研究述评 ［J］. 中国行为治疗科学，2003（12）：2.

62. 张权力. 现代教育之于学生幸福为何如此乏力 ［J］. 现代教育论丛，2010（6）：14 – 19.

63. 扈中平，蔡春. 教育人学论纲 ［J］. 华东师范大学学报（教育科学版），2003（3）：1 – 9.

64. 雷洪德. 论教育自身：涂又光教育哲学之本体论 ［J］. 高等教育研究，2005（8）：15 – 17.

65. 韩媛媛. 浅析威廉·福勒信仰发展阶段理论与价值 ［J］. 黑河学刊，2011（11）：1 – 3.

66. 刘静. 教育的变与不变：永恒主义教育目的观的现代启示 ［J］. 首都师范大学学报，2000（3）：112 – 115.

67. 邓猛，朱志勇. 从话题到问题：教育研究方法刍议 ［J］. 教育学术月刊，2013（3）：25 – 29.

68. 侯立元. 初中生安全感与生活事件研究 ［D］. 上海：华东师范大学硕士学位论文，2010.

69. 陈雨亭. 教师研究中的自传研究方法——对威廉·F. 派纳 "存在体验课程" 的研究 ［D］. 上海：华东师范大学博士学位论文，2006.

70. 郭小英. 中国现代学术自传研究 ［D］. 上海：复旦大学博

士学位论文，2008.

71. 章乐．现代教育与恐惧制造研究［D］．南京：南京师范大学硕士学位论文，2013.

72. 周全．学校恐惧论［D］．上海：华东师范大学硕士学位论文，2013.

73. 陈建辉．安全感问题的哲学思考［D］．长沙：湘潭大学硕士学位论文，2013.

74. 杨元花．初中生安全感发展的动因研究［D］．长沙：湖南师范大学硕士学位论文，2006.

75. 李茂森．自我寻求——课程改革中教师身份认同研究［D］．上海：华东师范大学硕士学位论文，2010.

76. 秦金亮．自传记忆与其提取机制实验的研究［D］．上海：华东师范大学心理学流动站博士后论文，2003.

77. 徐叶子．追寻有信仰的教育——论作为教育人的朱自清［D］．长沙：湖南师范大学硕士学位论文，2009.

78. 何瑾．试论科尔伯格道德发展阶段理论与德育思想［D］．上海：华东师范大学硕士学位论文，1988.

79. 张慧．公正德行的培养：科尔伯格道德教育思想研究［D］．上海：华东师范大学硕士学位论文，2013.

80. 张权力．蔡元培与梅贻琦治校风格的对比研究［D］．武汉：华中科技大学硕士学位论文，2012.

81. 薛仁明．中国学问要建立在感通和修行基础之上［EB/OL］．http：//news. 163. com/14/1008/17/A824FR7G00014SEH. html/2015 － 05 － 11.

82. 安徽六安毛坦厂中学成高考工厂揭秘学生学习状态［EB/OL］．（http：//cd. bendibao. com/news/201465/56083_3. shtm/2016 － 02 － 14.

83. 美媒探访毛坦厂中学：出产应试机器的工厂［EB/OL］．http：//learning. sohu. com/20150110/n407684454. shtml/2016 － 02 － 14.

84. Pinar, William. The Analysis of Educational Experience. In William Pinar (ed). Curriculum Studies: The Reconceptualization. New York: Educator's International Press, 2000.

85. Pinar, William F. Autobiography, politics and sexuality: Essays in cu-rriculum theory 1972 – 1992, New York: Peter Lang, 1994.

86. Dan P. McAdams. Biography, Narrative and Lives: An Introduction, Journal of personality, 1988.

87. Bertaux. D (ED) Biography and soiciaty. The life story approach in the social sciences. Beverly hills Sage, 1981.

88. Erben, M. Biography and Education: A Reader, Falmer Press, 1998.

89. Joanna Bornat. Biographical Methods-The SAGE Handbook of Social Methods. SAGE Publiciations Ltd, 2008.

90. Jack Martin. Autobigraphical Memory, Experiential Understanding, and Knowledge about teaching. Teaching and teacher Educution. Vol. 11, No. 4, 1995.

91. Edward Seiden sticker. Autobiography. Biography, Vol. 22, University of Hawai'i Press, 1999.

92. Noel Gough. First-Person Voice, The SAGE Encyclopedia of Qualitative Research Methods. SAGE Publication, Inc. , 2008.

93. Harter, S. The development of self-representations. In W. Demon (Series Ed.) & N. Eisenberg (Vol. Ed.), Handbook of child psychology: Vol. 3. Social, emotional, and personality development (5th ed.). Newyork: wiley, 1998.

94. Harter, S. (Eds). The construction of the self: A developmental perspective. New York: Guilford Press, 1999.

95. Howe, M. L. , & Courage, M. L. , &Edison, S. C. When autobiographical memory begins. Developmental Review, 23 (4), 2003.

96. Nelson, K. , &Fivus, R. The emergence of autobiographical

memory: A social cultural developmental theory. Psychological Review, 111 (2), 486 – 511, 2004.

97. Singelis, T. M. The measurement of independent and interdependent self-construals. Pesonality and Social Psychology Bulletin, 20, 580 – 591, 1994.

98. Wang, Q. The emergence of cultural self-constructs: Autobiographical memory and self-description in European American and Chinese Children. Developmental Psychology, 40 (1), 3 – 15, 2004.

99. Dawson. Dynamics of World History. Sheed And Ward INC, 1956.

100. Durkheim, Mauss. Note on the Notion of Civilization. Social Research, Vol. 38, No. 4, 1971.

101. Clayton P. Alderfe, An Empirical test of a New Theory of Human Needs. Organizational Behavior and Human Performance, 4, 142 – 175, 1969.

后　记

　　那些怀着淳朴的良善之心通过各种形式帮助我完成本书写作的人，注定成为我生命中的不朽的印记，并指引着我继续前行。

——张权力

　　此时此刻，我愿意分享关于本书写作的点滴故事和个人成长的些许感悟。

　　从选择做"学生安全感的寻求与自我形成"这一主题起，首先感谢好友张晓阳给我的启发，同学张淑萍、毛丽丹为研究的展开提供的便利，同门孙洪刚、李孝川师姐以及同学兼好友冯加渔、董艺乐为研究资料的收集提供的巨大帮助。同门杨婷、余小红、李学良也为论文写就提供了很大帮助，在此奉上感谢，并预祝他们一切顺利。还有已经毕业的同门孙阳、朱玉侠、严孟帅，与他们交流也让我受益匪浅。这些都让我觉得本书写作不是凭借一己之力就能完成的，而是一个社会合作的过程。

　　研究的开题和具体的研究过程、研究初稿的完成和持续修改，我的导师杨小微教授都付出了巨大的心血，他的过程控制和质量把关等一系列密切指导直接决定了研究的质量水平。在开题过程中，还得到了黄书光教授、李政涛教授、范国睿教授、彭正梅教授的鼓励和指导，在此一并奉上感谢。

　　远在武汉的雷洪德老师和李伟老师，他们是我步入学术研究的引路人。我在学术道路上的每一步前行，他们都给予无私的支持和鼓励。同样感谢在堪培拉大学访学期间的指导教师王婷教授。王婷教授的言传身教让我明白"博士研究生是人类学术共同体的一员，做学术的视野、方法都要对人类学术共同体负责"的使命感。王婷教授对我博士论文研究工具的制定和研究资料的收集也提供了巨大帮助。在王教授的牵线下，上海师范大学生朱婷和朱文倩为研究的前期准备和展开提供非常宝贵的帮助，同门已毕业王凯师兄和杨帆师兄也为论文结构的设计提供了诸多帮助。也感谢他们！

学术人向人类贡献的不要止步于知识，而是要能给人类个体和群体带来光明的东西，它们能够战胜人性的恶，唤醒人性的神圣和崇高，通达人类文明的永恒和不朽。将这种崇高和神圣意识播种在我内心的是我遇见的三位老师，郭晖老师、刘丹老师、金珠老师。他们的奉献精神和人格高度让我敬佩！

再次感谢以上提及的各位老师、同学和挚友。正是他们将自己对学术的热情、期望、使命和担当注入我的学术生命中，我的学术生命才有可能成为他们学术生命成果的一分子和载体之一。

还要感谢那些参与教育传记文本写作的同学们，感谢他们对我的信任，感谢他们让我体验到人与人初次交往也可以做到心与心相互敞开。感谢他们！

一起共过事的有王东、淑萍、李娟、孙丽丽，他们都是非常优秀的人，特别是在他们身上所展现出的服务意识和谦虚精神，成为我自我成长的重要资源。还有同学穆树航、付艳萍、蒋喜峰、张彦聪、屈博、刘雪莲、梁云、王耀祖等，他们给予的关心为枯燥的研究生活带来些许亮彩。同时也感谢一同在澳洲留学的小伙伴 Tina 和贺宏伟。

要感谢我的家人。从乡村走出来的孩子，承载的不仅是自己命运的改变，还有整个家庭命运的翻转之期望。没有父母无怨无悔的付出，就没有及至今日的坚韧和顽强。也许到最后，他们为我所做的一切没有任何回报，仅仅是遂了他们"只要你和你的子女生活得更好"的心愿。同样，没有兄妹的支持和在父母面前替我尽一份孝心，就没有我的专心求学和无牵无挂。这就是社会普通百姓对孩子读书最真实的想法，也是中国社会生生不息的根源所在。只是这种盼望同样包括了太多的无奈。

最后要感谢的是自己，也许正是自我生命的脆弱和敏感，才让自己对"学生安全感的寻求和自我发展"这一话题产生持久浓厚的兴趣。本书的写作不是为了任何外在的功利目的，它首先是为了自我救赎。"艺术品由于承载了艺术家的心血和生命，艺术品才拥有生命"，我对本书的期望也是如此，因为我是在用生命来描绘它。当然，本书的完成并不代表研究的结束，也许它预示着再出发，凭借它走向下一个灌注生命的作品。

最后的最后要感谢上帝所赐、与我相识相守成为命运共同体的爱人——刘红。爱人间本为一体，与她的相处让我真正明白"爱的基础是对己和被爱者的双重责任"。带着这份双重责任，相信我们及所有的亲朋都能不断地成长，走向更加美好的生活。

张权力

2019 年 7 月